BAUMAN SOBRE BAUMAN

Obras de Zygmunt Bauman:

- 44 cartas do mundo líquido moderno
- Amor líquido
- Aprendendo a pensar com a sociologia
- A arte da vida
- Babel
- Bauman sobre Bauman
- Capitalismo parasitário
- Cegueira moral
- Comunidade
- Confiança e medo na cidade
- A cultura no mundo líquido moderno
- Danos colaterais
- Em busca da política
- Ensaios sobre o conceito de cultura
- Estado de crise
- Estranhos à nossa porta
- A ética é possível num mundo de consumidores?
- Europa
- Globalização: as consequências humanas
- Identidade
- A individualidade numa época de incertezas
- Isto não é um diário
- Legisladores e intérpretes
- Mal líquido
- O mal-estar da pós-modernidade
- Medo líquido
- Modernidade e ambivalência
- Modernidade e Holocausto
- Modernidade líquida
- Nascidos em tempos líquidos
- Para que serve a sociologia?
- O retorno do pêndulo
- Retrotopia
- A riqueza de poucos beneficia todos nós?
- Sobre educação e juventude
- A sociedade individualizada
- Tempos líquidos
- Vida a crédito
- Vida em fragmentos
- Vida líquida
- Vida para consumo
- Vidas desperdiçadas
- Vigilância líquida

Zygmunt Bauman

BAUMAN SOBRE BAUMAN

Diálogos com Keith Tester

Tradução:
Carlos Alberto Medeiros

ZAHAR

Título original:
Conversations with Zygmunt Bauman

Tradução autorizada da primeira edição inglesa,
publicada em 2001 por Polity Press, de Cambridge, Inglaterra

rua Marquês de S. Vicente 99 – 1º | 22451-041 Rio de Janeiro, rj
tel (21) 2529-4750 | fax (21) 2529-4787
editora@zahar.com.br | www.zahar.com.br

Grafia atualizada respeitando o novo Acordo Ortográfico da Língua Portuguesa

Preparação: Angela Ramalho Vianna | Revisão: Eduardo Monteiro,
Eduardo Farias | Composição: Mari Taboada | Capa: Sérgio Campante
Foto de capa: Peter Hamilton

CIP-Brasil. Catalogação na fonte
Sindicato Nacional dos Editores de Livros, RJ

Bauman, Zygmunt, 1925-
B341b Bauman sobre Bauman: diálogos com Keith Tester / Zygmunt Bauman; tradução Carlos Alberto Medeiros. – Rio de Janeiro: Zahar, 2011.

Tradução de: Conversations with Zygmunt Bauman
Inclui bibliografia
ISBN 978-85-378-0000-3

1. Sociologia. 2. Ciência política. 3. Ética social. 4. Pós-modernismo – Aspectos Sociais. 5. Civilização moderna – 1950-. I. Tester, Keith, 1960-. II. Título.

CDD: 301
10-5571 CDU: 316

· Sumário ·

E Polo disse: "O inferno dos vivos não é algo que será; se existe, é aquele que já está aqui, o inferno no qual vivemos todos os dias, que formamos ao estar juntos. Existem duas maneira de não sofrer. A primeira é fácil para a maioria das pessoas: aceitar o inferno e tornar-se parte dele até deixar de percebê-lo. A segunda é arriscada, exige atenção e aprendizagem contínuas: tentar saber reconhecer quem e o que, no meio do inferno, não é inferno, e preservá-lo, abrir espaço para ele."

ITALO CALVINO, As cidades invisíveis

· Prefácio ·

Os diálogos que constituem este livro tiveram lugar na primavera e no verão de 2000. Neles foram realizados três objetivos principais.

Em primeiro lugar, os diálogos aconteceram para dar a Zygmunt Bauman a oportunidade de descrever em linhas gerais algumas das correntes profundas sob a superfície dos diversos textos com os quais ele mudou a natureza de parcela significativa do pensamento social contemporâneo.

Em segundo lugar, eles buscaram oferecer um contexto no qual Bauman pudesse explorar algumas de suas ideias de forma relativamente descontraída e, assim, sumarizar o que considera alguns dos conceitos-chave do corpo da obra que ele assina.

Em terceiro lugar, eles foram travados para permitir que Bauman refletisse sobre os significados que seus textos adquiriram ao sair do controle do autor e ganhar algo equivalente a uma vida própria.

Se este livro alcançar qualquer um desses objetivos terá tido sucesso admirável e, ao que se espera, irá encorajar novas gerações de pensadores sociais a recorrer aos livros de Bauman e se defrontar com seus desafios, insights e inspirações.

A obra de Zygmunt Bauman, para dizer o mínimo, é volumosa, e sua quantidade cresce em ritmo vertiginoso. Além disso, os livros em língua inglesa pelos quais ele é mais conhecido foram precedidos de uma série de livros e ensaios que escreveu em sua Polônia natal, antes de ser expulso, em 1968. Seria tolice nestes diálogos tentar resumir sua obra completa e refletir sobre ela. Por conseguinte, os diálogos têm como foco sobretudo a obra no "período inglês". Também deve-se notar que estas conversas aconteceram num momento específico da carreira intelectual de Bauman, época em que seu revolucionário interesse pela modernidade era substituído por uma nova orientação de seu pensamento em torno da concepção de "modernidade líquida"; uma fase em que alguns dos compromissos éticos que tornam sua obra tão distinta eram reconfigurados por meio das concepções de política e justiça.

É necessário deixar bem claro que Zygmunt Bauman não exerceu (nem tentou exercer) qualquer controle sobre as perguntas apresentadas, nem fez qualquer tentativa (nem o pretendeu) de influenciar os comentários sobre sua obra que teço na Introdução (e pelos quais tenho toda a responsabilidade).

Zygmunt Bauman foi extraordinariamente bem-humorado, afável e caloroso durante a preparação deste livro. Como sempre, gostaria de reconhecer a dívida considerável que tenho com ele. Também gostaria de agradecer a Ross Abbinnett, Chris Shilling e John Thompson por suas valiosas recomendações.

KEITH TESTER

· Introdução ·

Será útil organizar esta Introdução apresentando e respondendo a três perguntas. Quem é Zygmunt Bauman? O que ele faz? Por que o faz? É desnecessário dizer que um texto com este alcance não pode dedicar atenção adequada à profundidade e complexidade do pensamento de Bauman. Não tenho essa pretensão. O objetivo aqui é bem modesto. Ela busca apenas fornecer *uma* via de acesso ao pensamento social de Bauman para aqueles que não estejam familiarizados com ele. Ler os livros de Bauman não é reconfortante, mas faz você pensar de um modo diferente sobre o mundo, sobre si mesmo e – talvez ainda mais importante – sobre suas relações e afinidades com os outros.

Quem é Zygmunt Bauman?

Uma forma de responder a essa primeira pergunta é referir-se a uma das assertivas que têm sido feitas sobre a obra de Bauman. Tem-se afirmado que ele é "um dos mais interessantes e influentes comentadores [que refletem] sobre ... a condição humana". Essa citação é da biografia de Bauman escrita por Dennis

Smith, o qual também acredita que "Bauman é parte da história que relata".[1] Smith quer dizer que os livros e ensaios de Bauman constituem o corpo da obra mais importante para a compreensão da natureza do mundo em que vivemos, e que ele é um observador especialmente perspicaz quanto às tendências e forças fundamentais da atualidade pelo fato de tê-las vivenciado de maneira radical.

Smith especula que muitas das preocupações intelectuais de Bauman são reflexo de suas experiências de vida. Isso é ir muito longe, mas a essência da questão está bem-colocada. É difícil imaginar que suas experiências não tenham tido *nenhum* impacto sobre os temas e o tom de seu pensamento social. Bauman nasceu na Polônia, numa família judia, em 1925. Mudou-se com a família para a antiga União Soviética, fugindo da invasão nazista, em setembro de 1939. Lá, juntou-se ao exército polonês e lutou na frente russa. Começou a carreira acadêmica no início da década de 1950 e foi professor da Universidade de Varsóvia até exilar-se durante a campanha antissemita promovida pelas autoridades comunistas em 1968. Em 1971, tornou-se professor da Universidade de Leeds, onde permaneceu até sua aposentadoria oficial, em 1990. Um aspecto que vale a pena ressaltar neste esboço biográfico é o fato de que, quando Bauman escreve em inglês, está usando aquela que é pelo menos sua *terceira* língua (tendo nascido na Polônia e estudado na União Soviética).

É muito tentador relacionar o pensamento social de Bauman à sua biografia. Ele escreveu, por exemplo, uma série de artigos sobre a Polônia natal e os problemas da transição do comunismo para determinado tipo de capitalismo, temas que também aparecem em alguns de seus livros.[2] Escreveu também sobre o totalitarismo e em particular sobre o Holocausto.[3] É possível presumir que os personagens do errante e do turista que aparecem em seus estudos sobre a pós-modernidade sejam reflexos de sua própria experiência de exílios forçados.[4] Finalmente, seria possível até afirmar que seu compromisso com uma ética da proteção que deveria perdurar ao longo do tempo e independentemente de efêmeras preferências pessoais reflete o próprio desejo de se reinserir num mundo que oferece apenas camas de campanha.[5] Sim, tudo isso é tentador, mas há pelo menos três grandes problemas ao se reduzirem os temas e interesses de Bauman – ou, nesse sentido, de qualquer outro pensador social – a questões biográficas.

Em primeiro lugar, quando se afirma que a obra de Bauman reflete suas experiências pessoais, logicamente exige-se que a mesma afirmação seja feita em relação à obra de todos os outros autores. Se este for um passo para o qual estejamos preparados, nós teremos de concluir que todo pensamento social é autobiográfico, e que, como toda biografia tende a silenciar alguns incidentes e enfatizar outros, todo pensamento social consiste em pouco mais que aquilo que os pensadores preferem dizer sobre eles mesmos. Se continuarmos prontos para prosseguir nessa linha de pensamento, seremos obrigados, em última instância, a afirmar que questões relativas a moral, opressão, liberdade, sofrimento, felicidade e prazer podem ser reduzidas ao indivíduo e não têm qualquer importância geral. Ou, falando de outro modo, a própria possibilidade de pensamento social entra em colapso, e com ela – o que é mais importante – a ideia de que as vidas de homens e mulheres de alguma forma se inter-relacionam. Terminamos com aquele velho lema de uma recente idade das trevas para a generosidade humana: "Não existe essa coisa de sociedade."

Em segundo lugar, se explicarmos o pensamento de Bauman com referência a sua biografia, na verdade ficaremos totalmente incapazes de compreender o que ele tem a dizer. A obra de Bauman já pode ser bem difícil sem que tornemos ainda mais árdua a tarefa de interpretá-la ao partirmos de uma base insatisfatória. Como observou Peter Beilharz, Bauman "não gosta de falar de sua trajetória de vida".[6] (Nesse sentido, as informações biográficas fornecidas no primeiro diálogo deste livro são extraordinárias e suficientes para a finalidade de entender a relação da vida do autor com seu pensamento.) Isso é bom por motivos sociológicos e morais.

Esses motivos são delineados por Richard Sennett, pensador que Bauman admira muito. Em seu magnífico livro *O declínio do homem público*, Sennett desenvolve o argumento de que a cultura contemporânea corroeu de tal modo a vida pública que destruiu a fronteira entre público e privado. Em nossa cultura, não afirmamos que uma pessoa é "boa" por ser polida ou cortês em público; em vez disso, procuramos saber tudo sobre ela. A vida pública foi substituída por um desejo de intimidade – queremos o conhecimento íntimo e o sentimento de que "realmente conhecemos" qualquer um. A vida pública e os pecadilhos se tornam padrões pelos quais analisamos seu valor. Somos absorvidos pelo que a pessoa faz, e não pelo que ela é. Diz Sennett: "Numa sociedade assim, o teste que determina se as pessoas são autênticas e 'corretas' umas com as outras é um padrão peculiar de troca de mercado nas relações íntimas."[7]

Somos considerados bons e honestos se estamos preparados para dizer tudo a todos. As provas dessa observação estão por toda parte: nos *chat shows* de TV que preenchem as lacunas da programação diurna, nos *blockbusters* baseados em biografias de pessoas convenientemente mortas, no "culto à celebridade" que domina a cultura popular. Mas o que Sennett enfatiza é que esse tipo de cultura assinala o fim da vida pública, já que nos priva de termos outra coisa em comum além de nossos segredos, mentiras e intromissões.

De modo semelhante, a recusa de Bauman em falar sobre si mesmo é uma recusa em aceitar esse jogo. É o repúdio prático dessa expectativa cultural e do custo que ela inflige às pessoas. Bauman evita o autobiográfico para que a vida *pública* – o único tipo de vida que pode constituir os alicerces de uma *política* íntegra e respeitável – possa ser fortalecida e praticada.

Em terceiro lugar, a biografia que *é* central para o pensamento social de Zygmunt Bauman é a de sua mulher, Janina. Numa primeira apreciação, este poderia ser um comentário estranho, pois contradiz o ensinamento de Richard Sennett de que a vida pública não exige intimidade com o pessoal (na verdade, de que a vida pública é impossível quando sucumbe às intimidades do pessoal). Mas a sugestão de que as experiências de Janina Bauman são importantes para o pensamento social de Zygmunt Bauman pode ser conciliada com os ensinamentos de Sennett pela simples razão de que ela escreveu um livro de memórias que teve tremendo impacto sobre aquilo que ele faz. O livro de Janina Bauman, *Inverno na manhã*, relata suas experiências de menina judia vivendo em Varsóvia durante o auge da ofensiva da ocupação nazista. Ela relata como o tecido caloroso de sua vida no pré-guerra foi transformado em farrapos, como foi forçada, com a mãe e a irmã, a viver no Gueto de Varsóvia e como elas conseguiram escapar à deportação para os campos de extermínio.

O livro de Janina deixou marcas no pensamento social de Bauman. *Inverno na manhã* levou-o a avaliar que suas próprias experiências de vida teriam de ser ultrapassadas se quisesse estudar o Holocausto – que interpreta como a cristalização das tendências e possibilidades da modernidade. Zygmunt Bauman tinha escapado à ocupação nazista (ele menciona seus encontros com nazistas em nosso primeiro diálogo), e portanto suas experiências não eram suficientes para o problema.

No prefácio de *Modernidade e Holocausto*, escreveu ele: "Tendo lido o livro de Janina, comecei a imaginar o quanto eu não sabia – ou melhor, eu não pensava da maneira adequada. Percebi que não havia realmente entendido o que se passara naquele 'mundo que não era meu'".[8] O Holocausto era parte da história de *outra pessoa*. A prática do pensamento social exige que se vá além de nossas próprias vidas e que subordinemos essa história a algo publicamente mais importante (posição que corresponde às afirmações metodológicas que aparecem em *Hermeneutics and Social Science: Approaches to Understanding*, e com os argumentos éticos apresentados em sua obra sobre a pós-modernidade, a questão de viver *para o outro*).

Em suma, portanto, se uma pessoa deseja escrever sobre sua biografia, isso é uma coisa. Mas é algo bem diferente para outros fazê-lo em seu próprio benefício, em termos da expectativa cultural de que "isso é o que todos querem saber". Como revela a própria sociologia de Bauman sobre o fardo da identidade na modernidade, na pós-modernidade e na modernidade líquida,[9] há uma dignidade admirável na privacidade pessoal moralmente rigorosa (uma privacidade que é moral porque sempre respeita a dignidade das outras pessoas). Bauman mostra que a *obra* do sociólogo é – ou deveria ser – publicamente mais importante que a sua *vida*. A relevância pública não exige que nos desnudemos na arena pública. E se a expectativa contemporânea assim o demanda, bem, como demonstra a sociologia de Bauman, talvez este seja um modismo ao qual devamos resistir a todo custo. Ceder a essa pressão é desempenhar um papel na devastação da vida pública e, por conseguinte, da política.

Portanto, quem é Zygmunt Bauman? Para nós, é um homem privado que nos convida a participar da vida pública.

O que faz Zygmunt Bauman?

A segunda pergunta é fácil de fazer mas difícil de responder. A resposta depende de onde se mira. Se olharmos para os livros de Bauman, logo ficará claro que o que ele faz é escrever com enorme rapidez e notável habilidade de se concentrar no tema que organiza muitos dos problemas e questões do presente, divergentes em outros aspectos. Nesse nível, pode-se dizer que Bauman desempenha o papel de *tradutor*. Ele sintetiza o que está se passando e o que é importante, e o apresenta aos pensadores sociais de modo a que possam proceder aos debates por si mesmos. Bauman traduz o mundo em textos. Não é um construtor de sistemas, nem seu pensamento social consiste em escarafunchar incansavelmente uma só crosta conceitual ou temática. Ele é um ensaísta por intermédio de quem o presente vem a ganhar algum tipo de sentido coerente.

Talvez só porque o mundo do pensamento social enfim acredite estar alcançando Bauman é que sua obra começa a sair das notas de rodapé para o corpo do texto. Mas a ironia é que, tão logo Bauman é "fisgado", os pescadores estudiosos descobrem que ele na verdade escapou para explorar novas águas. Por conseguinte, se quisermos compreender o que Bauman faz, é conveniente procurar em outros lugares, para além dos "conceitos-chave". É melhor observar as águas profundas de seu pensamento. Se o fizermos, veremos que "o que Bauman faz" pode ser resumido de modo relativamente coerente.

Por admissão e temperamento, o que Bauman faz é sociologia. Ele é um sociólogo – e se identifica como tal – porque, como explica no primeiro destes nossos diálogos, acredita que a sociologia é mais capaz de captar e abraçar a totalidade da experiência humana que qualquer outra disciplina. Ele afirma que a experiência humana não respeita fronteiras rígidas entre social, político, econômico ou poético, nem tampouco a sociologia. Dessa maneira, a sociologia é uma disciplina singular, e o que muitos comentadores podem identificar como a fraqueza terminal da disciplina (sua tendência a assumir ideias vindas de outros lugares, sua incapacidade de construir altas muralhas entre ela mesma e, digamos, a política ou a filosofia) é, na verdade, sua força profunda.

Esse tema tem sido uma constante no pensamento de Bauman ao longo dos anos. Embora seu estilo de prosa seja bem mais denso do que poderiam esperar os leitores apenas familiarizados com os livros que ele escreveu desde o fim da década de 1970, essa compreensão abrangente dos interesses e da importância da sociologia pode ser encontrada num ensaio da década de 1960. Ali, ele afirmava que, "para entender o homem, devemos reunir tudo o que descobrimos ao penetrar os diferentes aspectos de seu processo de vida unificado". Nesse ensaio, Bauman tornava claro que o mundo "unificado" era usado de uma forma específica, contrária à utilização feita pelo senso comum. Afinal, "o mundo implica uma coisa que é reunida depois de ter sido dividida; o que temos em mente, contudo, é o tipo de unidade existente antes que tenha acontecido qualquer divisão".[10] De modo correspondente, embora Bauman seja um sociólogo, ele é um sociólogo de tipo bem particular. Acredita que as fronteiras entre as disciplinas devam ser tratadas com suspeita e até ignoradas na busca de um conhecimento mais abrangente e relevante do mundo social.

O que Bauman faz, portanto, é sociologia sob o signo do ecletismo e da universalidade. Mas não é o ecletismo da autoexaltação ou da autossatisfação. É um ecletismo tornado necessário porque a vida humana é ela própria fundamentalmente abrangente, diversificada e impossível de se apreender sob uma única classificação. Bauman está dizendo que precisamos de um tipo de sociologia sem limites definidos para estarmos à altura da tarefa de compreender o caráter ilimitado da vida de homens e mulheres. Sem dúvida essa é a razão pela qual a obra de Bauman consegue atrair tantas pessoas engajadas no que se poderia chamar, de modo genérico, de "pensamento social", e seus livros conseguem extrapolar os limites estreitos da "sociologia" tal como é convencionalmente entendida.

Uma implicação interessante dessa compreensão da sociologia (da compreensão de Bauman sobre o que ele faz) é que ela pode explicar um dos momentos mais curiosos deste livro. No primeiro diálogo, pergunto a Zygmunt Bauman que obra levaria para uma ilha deserta: se pudesse levar só um livro, qual seria? Eu esperava que a resposta fosse *Cadernos do cárcere*, de Gramsci, *A ética protestante e o espírito do capitalismo*, de Weber, ou, mais provavelmente, *Filosofia do dinheiro*, de Simmel. Em vez disso, Bauman relacionou uma série de obras de literatura e afinal se decidiu por um conto do escritor argentino Jorge Luis Borges. Foi uma surpresa que, à luz da particular compreensão de Bauman quanto aos interesses da sociologia, pode ser perfeitamente explicada.

Do ponto de vista de Bauman, um conto de Borges possui tanta relevância e insight sociológicos quanto qualquer texto que poderia ser prontamente aceito como parte do "cânone". Na verdade, um conto de Borges pode ser mais útil que os livros convencionais de sociologia, se for mais capaz de apreender de modo abrangente o fluxo e a indeterminação da vida social de homens e mulheres. Entretanto, embora o vínculo da sociologia com a literatura no pensamento de Bauman seja extremamente sugestivo (e possa ajudar a explicar por que, em seus livros, ele se refere com tanta frequência à literatura), é importante não estender demais esse vínculo.

Os livros de Bauman são inegáveis exemplos de pensamento social. O que ele faz é praticar e promover o pensamento sobre as relações, situações e forças vivenciadas e confrontadas por homens e mulheres, e, o que é importante, vivenciadas como *reais*. A literatura pode muito bem ser capaz de lançar novas e desafiadoras luzes sobre essas relações, situações e forças (em especial se for como a de alguns autores favoritos de Bauman: Robert Musil, Milan Kundera, Georges Perec), mas ainda permanece o fato de que ela é construída com base no *ficcional* e não no social e experimentalmente *factual*.

Mas há outra forma de responder à pergunta "O que Bauman faz?". Sim, ele "faz" sociologia, mas, dentro desse campo, tenta realizar alguma coisa que tenha importância em si mesma. Em sua sociologia, Bauman tenta mostrar que o mundo não tem de ser desta maneira, que há uma alternativa àquilo que correntemente parece tão natural, tão óbvio, tão inevitável. Essa preocupação traz a marca de duas das principais influências no desenvolvimento do pensamento social de Bauman: o marxismo pós-leninista de Antonio Gramsci e a sociologia de Georg Simmel. A forma como essas duas figuras o influenciaram torna-se clara no diálogo que ele travou com Peter Beilharz.[11]

Ali, Bauman dizia que Gramsci mostrou-lhe que homens e mulheres não são os bobos inconscientes de estruturas sociais que tudo determinam; tampouco são eles (ou seja, nós) pouco mais que seres mobilizados apenas em reação ao estímulo externo. Em vez disso, Gramsci mostrou que homens e mulheres são dotados, por si mesmos, da habilidade e do poder de construir o mundo. Gramsci mostrou que só em função do "senso comum" promovido pelas estruturas de mando dominantes é que esse potencial não é vislumbrado nem exerce influência. Gramsci fez ver a Bauman que as coisas podem ser diferentes e existem alternativas a ser construídas por homens e mulheres. Essa foi uma influência que se ajustou – e continua se ajustando – muito bem à compreensão de Bauman da cultura como uma "faca que pressiona o futuro".[12]

Nesses termos, a cultura é ao mesmo tempo a expressão da percepção de que existe uma alternativa e um estímulo para que homens e mulheres pensem diferente, de maneiras não autorizadas, sobre o mundo em que vivem, trabalham e morrem. Além disso, o insight de Gramsci de que o mundo é algo que pode ser construído pela ação e por agentes sociais permitiu-lhe romper com o comunismo "oficial" ao estilo soviético em que seu pensamento esteve aprisionado durante os primeiros anos de atividade. Quando a cafeína injetada por Gramsci na corrente sanguínea intelectual de Bauman atingiu o cérebro, ficou claro que a versão de marxismo e socialismo promovida pelo sistema soviético era algo a se abordar criticamente e com suspeita – pois dizia a homens e mulheres que o Partido, ou alguma abstração chamada proletariado ou necessidade histórica, era quem fazia a história, e não eles.

Como afirmou Bauman nestes diálogos, Gramsci o habilitou a manter o compromisso com o núcleo moral do pensamento de Marx, ao mesmo tempo que o liberou das inconsequências do sistema soviético. (Foi dessa maneira que Bauman se tornou um dos principais pensadores da onda de "marxismo humanista" ou "revisionismo marxista" que surgiu na Polônia durante a década de 1950.[13])

Como esclarece Bauman,[14] Gramsci ensinou-lhe *o que* seu pensamento social deveria observar. Mas foi Simmel quem o ensinou *como* observar um mundo que dá a impressão de ser tão natural para homens e mulheres que eles não concebem a chance de que seja possível haver uma alternativa. No diálogo com Peter Beilharz, Bauman explica isso: "Simmel afastou ... a esperança/restrição de que, uma vez que as incongruências e contradições 'superficiais' estejam fora do caminho, eu encontrarei 'lá embaixo' a engrenagem funcionando perfeitamente." Bauman extraiu outra mensagem de Simmel: "Que para o lápis de qualquer tendência existe a borracha de uma outra; e tentar eliminar essa ambivalência para ver melhor como a sociedade opera é como querer desmontar as paredes para ver melhor o que sustenta o teto."[15]

Simmel mostrou a Bauman que é tarefa da sociologia lançar um olhar de suspeita sobre qualquer afirmação de que o mundo social operaria de forma ordenada e com tendência a um tipo de equilíbrio, não fosse pelo fato de homens e mulheres se comportarem de maneiras tão imprevisíveis e ambivalentes. Simmel mostrou que ambivalência e incerteza são a essência da vida social, e que, portanto, cabe à sociologia tentar captar esse fluxo sem jamais interrompê-lo ou ignorá-lo (e assim, uma vez mais, estamos de volta à característica visão de Bauman sobre a sociologia, e também à sua escrupulosa persona pública de alguém que não dirá o que seus livros "realmente significam").

À luz disso, não admira muito que Bauman tenha pouco interesse pela sociologia parsoniana e pós-parsoniana, com sua ênfase implacável no "problema da ordem". Bauman quase certamente objetaria que o problema da ordem é menos uma questão de categoria sociológica que um problema político e material para homens e mulheres que têm suportado suas consequências no cotidiano.

Então, o que Zygmunt Bauman faz? Ele usa uma sociologia eclética para mostrar a seus leitores que o mundo pode ser diferente do que é; e que, apesar de tudo, existe uma alternativa. Mas homens e mulheres só podem agir em público se não forem obrigados a vestir a paralisante camisa de força das exibições de intimidade *ersatz*.

Por que Zygmunt Bauman faz o que faz?

Ao pensar sobre *o que* Bauman faz, já começamos a caminhar para a compreensão de *por que* o faz. Ele é um pensador social porque deseja que homens e mulheres construam o mundo para si mesmos, pressionem uma faca contra o futuro e assim pratiquem a liberdade, em vez de aceitar as restrições da necessidade. É por isso que, no fim do primeiro diálogo, Bauman explica que sempre procurou estar atento à beleza e à humilhação. A beleza é a expressão da capacidade humana de construir e imaginar um mundo diferente (é um ir além das necessidades deste mundo); e a humilhação (quer seja a humilhação física do sofrimento, quer seja a humilhação material da pobreza) é o acúmulo da necessidade sobre e contra a possibilidade (daí a preocupação de Bauman com as consequências humanas da globalização e com a sorte dos "novos pobres"[16]). Mas a pergunta "Por quê?" envolve mais que isso.

Uma das qualidades mais significativas e interessantes do pensamento de Bauman é seu rigor, sua seriedade moral. Ao contrário de muitos pensadores sociais, ele não acha que questões de moral possam ser reduzidas a gostos pessoais, a posições e experiências de grupos específicos ou a procedimentos metodológicos. Tampouco acredita que questões de moral possam ser analiticamente desprezadas em favor de algo em tese mais fundamental. Em vez disso, Bauman afirma (e esse argumento percorre grande parte deste livro) que a moral se refere ao compromisso com o outro ao longo do tempo. A moral não diz respeito a caprichos temporários, mas aos seres humanos *na condição de* humanos, e não porque são como eu sou. Ele acredita que a moral é a questão humana fundamental porque somos sempre e inevitavelmente confrontados em nossas vidas com outras pessoas em geral e com alguns parceiros em particular. Para Bauman, portanto, o pensamento social é indivisivelmente moral em seu contexto e seus interesses. Ele diz respeito à *humanidade.*

Esse aspecto de sua obra foi iluminado por *Inverno na manhã*, de Janina Bauman. Ela escreveu que "a coisa mais cruel da crueldade é que ela desumaniza suas vítimas antes de destruí-las. E ... o esforço mais árduo é permanecer humano em condições desumanas".[17] Essa é uma frase que sintetiza muito da visão ética que se encontra no cerne da sociologia de Zygmunt Bauman (sem dúvida pode ser vista como o principal tema de *Modernidade e Holocausto*). Ele observa como as ordens sociais são cúmplices na desumanização. Mas, em vez de fazer a opção fácil e se prostrar em desespero diante da desumanidade disso tudo, ele tenta recuperar a possibilidade de humanidade.

A questão é que os seres humanos não *precisam* ser desumanos, ainda que vivam em circunstâncias sociais e históricas que fazem o tratamento cruel de outra pessoa parecer fácil e inconsequente. Sempre é possível escolher ser humano, sempre é possível escolher ser moral. Nessa escolha está nossa dignidade humana. É atributo da sociologia mostrar que a escolha de ser moral sempre pode ser feita, de vez que todas as estruturas e os pensamentos que nos dizem ser impossível essa escolha são eles mesmos inteiramente contingentes.

O pensamento social é *para* a humanidade. No diálogo com Beilharz, Bauman explicou que

> com Janina aprendi que a *Wertfreiheit* (a neutralidade axiológica) não é – no que diz respeito às ciências humanas – somente um castelo no ar, mas também uma ilusão profundamente desumana; que fazer sociologia só faz sentido à medida que ajuda a humanidade na vida, que em última instância são as escolhas humanas que fazem toda a diferença entre vidas humanas e desumanas.

E então se seguiu o insight tendo por foco as escolhas que levam ao humano ou desumano *sociológico*, em vez do *filosófico*: "E que a sociedade é um engenhoso mecanismo para estreitar, quem sabe eliminar de vez, essas escolhas."[18] É *sociológico* porque significa que, se quisermos entender as qualidades do ser humano hoje, devemos considerar as situações em que os seres humanos se encontram.

Além disso, à proporção que estão ligados a uma forma sociológica de pensar, esses compromissos e afirmações morais de Zygmunt Bauman saem do campo da especulação para se tornar meios de avaliação pelos quais a humilhação e o sofrimento no mundo podem ser conhecidos e nomeados segundo o que são – produtos do mal. Bauman não sente necessidade de justificar seus compromissos morais. Em vez disso, é o mundo que deve justificar-se em termos da crítica que esses compromissos tornaram necessária. Bauman desconfia do mundo e do que ele significa para homens e mulheres. Ele *não* desconfia destes e de sua capacidade de escolher ser moral (ou seja, de escolher ser humano).

Tudo isso poderia fazer parecer que Bauman vê a sociologia como uma plataforma ou movimento político. Não vê. Ele não faz sociologia por acreditar que os sociólogos são aqueles que podem afinal colocar o mundo nos eixos e garantir que todas as pessoas vivam em paz e harmonia. Bauman rejeita explicitamente esse tipo de interpretação das razões pelas quais se deve fazer sociologia.[19] Em lugar disso, ele vincula a prática da sociologia a valores que estão além dela e que falam a todos os homens e mulheres, e não apenas à comunidade dos pensadores sociais. Ele é motivado por um respeito irrestrito pela humanidade, com cuja dignidade está comprometido.

Trata-se de uma dignidade que consiste em transcender as humilhações do cotidiano e, ao contrário, empenhar-se, na prática e na imaginação, em construir uma alternativa que se ajuste à humanidade. A sociologia é um agente importante para tornar possíveis essa "re-imaginação" e essa "re-prática", porque priva a estrutura, as relações e as instituições prevalecentes do ar de invulnerabilidade de que tão desesperadamente necessitam. Mas esse empenho precisa de um espaço público em que as pessoas possam se reunir sem medo de que todas as suas esperanças e ambições sejam destruídas em função do desejo público de intimidade com a pessoa privada. Só podemos esperar e desejar se formos confiantes: confiantes em nossa segurança material, confiantes em nossos selves. Assim, retornamos ao início, às razões de princípio pelas quais Zygmunt Bauman se recusa inabalavelmente a tornar o indivíduo mais importante que a persona pública.

Portanto, por que Zygmunt Bauman o faz? Porque está comprometido com a humanidade.

Conclusão

Agora é possível, ao que se espera, entender um pouco dos interesses e do caráter do pensamento social de Zygmunt Bauman. Os diálogos deste livro devem ajudar a levar um pouco adiante essa compreensão e a esclarecer as correntes que subjazem à superfície de seus textos. Deve ficar muito claro que, por sob a superfície de livros tão bons em captar a essência do presente, a obra de Bauman é guiada – e eu sugeriria que *sempre* foi – por um compromisso profundo e inamovível com a *humanidade*. Esse compromisso tem assumido diferentes formas em momentos diversos, mas nunca desapareceu. Isso é algo que Bauman jamais perdeu de vista. É esse compromisso que torna sua voz tão característica, desafiadora e relevante. Ele é fundamental para nossa compreensão de quem Bauman é, do que faz e por que o faz.

Mas há uma lição final no pensamento social de Bauman. Ele ensina a virtude da dedicação a despeito – e em face das seduções – das distrações temporárias. O compromisso com a humanidade exige em si um compromisso com o self. Quase no fim de sua aula inaugural na Universidade de Leeds, em 1972, Bauman disse:

> Mais que nunca, devemos ter cuidado para não cair nas armadilhas da moda, talvez muito mais prejudiciais que a moléstia que afirmam curar. Bem, nossa vocação, depois desses anos tão pouco românticos, pode-se tornar novamente um campo de testes da coragem, coerência e lealdade aos valores humanos.[20]

Zygmunt Bauman ensina o que a vocação exige publicamente do pensador social, como isso deve ser perseguido e, ainda mais importante, por que o esforço vale a pena.

· Diálogo 1 ·

Contexto e horizontes sociológicos

KEITH TESTER: Você começou a carreira de sociólogo na Polônia, no início da década de 1950. Presumivelmente, na Polônia daquela época, a sociologia era parte de um projeto mais amplo, pelo menos segundo os propósitos declarados, de tentar construir um mundo adequado aos seres humanos após a destruição posterior à ocupação nazista. Deve ter havido uma sensação de que a sociologia poderia ajudar a mudar o mundo (sensação que eu, como sociólogo em situação muito diferente, nunca fui capaz de sustentar – jamais consegui acreditar que a sociologia pudesse mudar o mundo). Você poderia dizer alguma coisa sobre a sociologia no contexto polonês e, mais pessoalmente, por que escolheu essa disciplina, e não, digamos, a filosofia, a estética, a engenharia? Falando de modo mais simples: a sociologia na Polônia do início da década de 1950 – para que servia e que caminhos o levaram a ela?

ZYGMUNT BAUMAN: Pode-se dizer que, desde a tenra infância, fui lançado de um par de trilhos para outro, cada qual levando presumivelmente a algum lugar, mas todos apontando em direções diferentes. Talvez haja uma metanarrativa que faria esse serpentear entre trajetórias parecer uma trajetória por direito próprio.

Mas insistir em que isso *existe* significaria levar muito longe nosso romance com a lógica.

Algumas vezes, depois de um drinque, eu jogo com Janina o jogo da imaginação. Que aconteceria a cada um de nós se não tivesse havido Hitler nem a guerra? Para começo de conversa, talvez não tivéssemos nos conhecido. Se tivéssemos, dificilmente nos seria permitido que casássemos: havia entre nós uma barreira de classe grande demais para ser negociada na Polônia do pré-guerra. Eu também não teria chegado perto de uma educação superior. Como criança, era considerado um aluno esforçado e um ávido leitor. Eu era então, como continuo a ser, total e verdadeiramente fascinado pela cultura e a literatura polonesas, um amor que tenderia a não ser correspondido. Mas eu não seria admitido nas universidades polonesas, que observavam a regra do *numerus clausus* ou mesmo *numerus nullus* com respeito a candidatos judeus. Sendo pobres, meus pais não podiam financiar meus estudos no estrangeiro, como era comum entre os judeus poloneses abastados. Eu teria me tornado sociólogo nessas circunstâncias? Com toda a certeza eu não faria parte do mundo acadêmico.

A partir de 1º de setembro de 1939, houve um emaranhado de itinerários, uma série aparentemente infindável de "desencaixes", as caixas se moviam rápido demais para que pudesse ocorrer um "reencaixe". A pedra só parou de rolar, ou pelo menos reduziu a velocidade, em 1971, quando paramos em Leeds (levou mais tempo para que nos "estabelecêssemos"). O engraçado é que eu me pareço mais com um gato que com um cachorro. Tendo a desenvolver laços com um lugar em vez de seguir os caprichos de um dono inquieto. Se estivesse em posição de escolher, eu agora estaria lhe contando uma história totalmente diferente (quer dizer, se você ainda estivesse interessado nela).

Ao contrário de Janina, consegui escapar da ocupação nazista, e meus únicos encontros pessoais com os nazistas (alguns anos após a invasão da Polônia) foram pelo cano de uma arma. Quando estava em pleno norte da Rússia, sonhava em me tornar físico. Consegui até fazer os dois primeiros anos de um curso (por correspondência; como "ocidental", não me era permitido entrar nas grandes cidades onde estavam as universidades). Eu não pensava muito em sociologia naquela época – nem havia muito de sociologia para se pensar –, na Rússia de Stálin.

Quando me apresentei como voluntário ao exército polonês que se formou na União Soviética, a física teve de ser deixada de lado, e ali permaneceu até sumir de vez. Outras coisas captaram minha imaginação. Com o exército, encontrei meu caminho de volta a um país devastado por uma guerra que só agravou a miséria e o subdesenvolvimento anteriores. Erguê-lo da penúria e de séculos de atraso era uma tarefa empolgante. Mas os novos poderes prometiam mais, muito mais que isso: o fim da discriminação, das pequenas inimizades e da crueldade cotidiana de pessoas sufocadas num país que não tinha trabalho suficiente para que suas vidas fizessem sentido, nem pão o bastante para mantê-las vivas. Prometia a *igualdade de uma vida digna* para todos, mais que suficiente para deixar sem fôlego um jovem de dezenove anos, recém-chegado da linha de frente. Era possível perder tempo desvendando os mistérios do big bang e dos buracos negros? Que outros buracos negros mantivessem seus mistérios por mais tempo – primeiro vinham meu país em ruínas e o big bang de sua reconstrução.

Você diz que nunca acreditou que a sociologia pudesse mudar o mundo. Bem, eu sim (e não posso jurar que tenha perdido a fé, embora tenha mudado radicalmente minha visão do mundo em que o trabalho de mudança poderia e deveria ser realizado). Sim, a sociologia, como você diz, "era parte de um projeto mais amplo", de fazer surgirem as condições humanas nas quais os seres humanos pudessem viver como humanos.

Mas ingressei na Universidade de Varsóvia num momento inoportuno, em meio a um breve mas nem por isso menos repugnante episódio de "stalinização". A stalinização nunca foi tão longe na Polônia quanto em outros países da órbita soviética, mas foi suficiente para suspender os cursos oferecidos pelos luminares da ciência social do pré-guerra (mais dolorosamente, os de Stanislaw Ossowski). Fiz meus exames de mestrado em filosofia, mas logo a "velha guarda" voltou, e a sociologia retomou o pleno status acadêmico. Ela também caminhou depressa para o centro do interesse público. A "sociedade" importava a todos, independentemente de simpatias políticas. Isso ocorreu eras antes do resumo de Peter Drucker sobre a "opinião pública" reaganizada/thatcherizada ("Não há mais salvação pela sociedade."). As pessoas precisavam desesperadamente de salvação, e, não importava a cor ou a forma dessa salvação, ela só poderia *vir da sociedade*. Sobre essa sociedade, a verdade seria dita pela sociologia. O primeiro número, grosso e pesado, do periódico acadêmico trimestral intitulado *Sociological Studies* [c.1961], do qual fui um dos fundadores e primeiro editor, esgotou-se no primeiro dia de publicação nas bancas de rua.

Na total ausência de "outra opinião", que dirá de uma opinião contrária, e em particular de uma posição contrária articulada, as informações sobre o estado de coisas na sociedade polonesa ou em qualquer setor eram "a verdade". A verdade é um conceito polêmico, você só passa a apreciar seu status privilegiado numa disputa e diante de um desafio. Defender nossos "dados" dos contínuos ataques da hierarquia do Partido, enfurecida pelo simples fato de algumas pessoas em algum lugar terem reivindicado uma autoridade independente em matéria de contar histórias, tornou muito fácil para nós acreditar que aquilo que anunciávamos era realmente *a verdade*. E assim acreditava o restante do "público esclarecido".

Esse imerecido status de árbitro da verdade garantiu à sociologia um volume de prestígio incrivelmente elevado. No fim, isso se mostrou desmoralizante: qualquer fragmento de informação, ainda que miserável, vazio ou apressado, era recebido com admiração e aplauso público. O limiar fora rebaixado, não estava claro o que seria boa ou má sociologia. E a chegada posterior de um mercado de opiniões livres pegou os sociólogos – criados numa espécie de estufa perversa – despreparados. Para muitos, essa foi uma experiência traumática. Na década de 1950, as incertezas nascidas da multiplicidade de autoridades, contudo, eram questões de um futuro distante, dificilmente previsto, não muito diferente do produto de uma fantasia descontrolada.

K.T.: No passado você falou de dois de seus professores, Stanislaw Ossowski e Julian Hochfeld. Talvez não fosse exagero dizer que eles são duas das chaves para a compreensão de seu pensamento social. E no entanto são quase totalmente desconhecidos no Ocidente. Por conseguinte, um aspecto significativo de seu contexto intelectual é profundamente misterioso para muitos de seus leitores. Poderia dizer alguma coisa sobre Ossowski e Hochfeld, sua obra e seu exemplo?

Z.B.: Uma vez encerrado o episódio da "stalinização", o Departamento de Filosofia e Sociologia da Universidade de Varsóvia se tornou um centro fértil de pensamento, no qual todas as áreas das múltiplas tradições da sociologia eram colocadas sob o mesmo teto e se engajavam numa convivência mútua. Nessa qualidade, ele era realmente singular, tanto no leste quanto no oeste. Sou tentado a dizer que ele estava ao mesmo tempo "atrás" e "à frente" dos centros acadêmicos de sociologia daquela época.

Quando, no fim da década de 1950, comecei a visitar lugares no estrangeiro, fiquei impressionado com a unilateralidade e o perfil estreito das visões de sociologia ensinadas em outras partes do mundo. Em que lugar, senão em Varsóvia, as tradições marxista e positivista, sociologias cientificistas e humanistas, abordagens evolucionistas e estruturalistas, visões "naturalistas" e "culturalistas" da realidade social, estratégias estatísticas e hermenêuticas eram ensinadas lado a lado, como alternativas vivas, complementares e não excludentes, livres da camisa de força cronopolítica? A compreensão de sociologia que meus professores em Varsóvia me inocularam era a de um discurso permanente e distante de uma conclusão, de autocrítica e recapitulação contínuas. A história do pensamento social me parecia cheia de pedras preciosas, com o trabalho de lapidá-las e poli-las ainda pela frente.

Fiquei surpreso (e desconcertado!) em ver a tradição sociológica ensinada à maneira da "história whig", como a história da insensatez humana, a guerra elegante contra a ignorância e os preconceitos, e a justaposição da verdade científica, una e indivisível, com uma variegada massa de curiosidades e equívocos de mentes primitivas.

Sou muito grato a Ossowski e Hochfeld por me haverem vacinado, bem no início de minha vida sociológica e de uma vez por todas, contra a ideia de que a sociologia é ou deveria se tornar uma espécie de física que deixa sua própria história para trás e jamais olha em retrospecto; de que, se a sociologia ainda não atingiu exatamente esse nível, é por causa de seu fracasso ou "imaturidade" em descobrir a metodologia de pesquisa certa e adequada, que porá fim à dúvida e à controvérsia. O que apreendi com eles foi que a sociologia não tem – nem pode ter – outro sentido além de um comentário permanente sobre a "experiência vivida" dos seres humanos, tão transitória e obsessivamente autoatualizante como essa própria experiência. O que eu admirava em ambos era uma mistura da ambição apaixonada de entender e a humildade proveniente da percepção de que provavelmente a tarefa da compreensão jamais será concluída; mas também a convicção de que é precisamente essa consciência da incompletude que torna o comentário do estudioso da sociologia valioso para pessoas que enfrentam diariamente os desafios da vida.

Muito mais tarde deparei com a distinção de Franz Rosenzweig entre pensamento "abstrato" e pensamento "falante". O pensador "abstrato" conhece sua verdade antecipadamente, pensa e fala apenas por si mesmo, enquanto o pensador "falante" não pode antever coisa alguma e deve esperar a palavra do outro. Ele fala para alguém que não tem apenas ouvidos, mas também boca. Ao começar, o discurso não sabe onde vai terminar: pega suas deixas de outros. Eu li essas palavras e tive uma estranha sensação de *déjà-vu*. Elas me pareciam abrigar os ensinamentos de meus professores, e me ensinaram a permanecer obstinadamente do lado do "pensamento falante".

Tanto Ossowski quanto Hochfeld, não obstante suas numerosas diferenças, eram politicamente socialistas, e sua obra se inspirava em motivos éticos. Creio que encontraram o sentido básico da vocação sociológica no fato de que os seres humanos sofrem, e de que entender seu sofrimento pode ajudá-los a aliviar sua miséria ou mesmo fazer com que cesse a produção social da miséria. Uma mistura de desprendimento e esperança. Não tenho certeza se eles acreditavam que o pensamento pode mudar o mundo, mas sem dúvida julgavam que o mundo pode ser diferente do que é, mas não vai mudar sem reflexão e autocrítica. Se, como sugeriu J.B. Cabell (um romancista americano), o otimista proclama que vivemos no melhor dos mundos, enquanto o pessimista teme que isso seja verdade, Ossowski e Hochfeld não estavam no campo otimista nem no pessimista, mas apenas no lugar onde poderia estar a sociologia digna desse nome.

É uma pena que pensadores desse calibre tenham causado pouco impacto fora das fronteiras da Polônia. A profunda investigação fenomenológica de Ossowski sobre classe e sistemas de estratificação como "modelos de pensamento" foi traduzida para o inglês, mas grosseiramente subestimada. Foi recebida sobretudo como uma curiosidade política: um livro crítico do marxismo vindo de um país marxista. Suas outras obras de psicologia social, sociologia da arte e estudo da cultura jamais foram traduzidas, tampouco seu trabalho programático sobre a vocação sociológica. Da obra de Hochfeld, só ensaios esparsos, publicados em periódicos não muito lidos, estão disponíveis em inglês (mas não seu magnífico estudo dos altos e baixos da revolução, escrito a propósito do famoso panfleto de Rosa Luxemburgo).

É uma pena muito grande, e uma grande perda para a sociologia ocidental. E no entanto um "professor" é mais que um conferencista ou escritor, e duvido que a grandeza de Ossowski e Hochfeld como professores possa ser apreendida a partir de seus livros. Foi muita sorte minha passar os anos de formação tendo-os como fonte de instrução e inspiração.

K.T.: Quais foram os "textos-chave" e quais os "pensadores-chave" em seu desenvolvimento inicial como sociólogo? Especificamente, o que você extraiu dos pensadores sociais clássicos: Marx, Durkheim, Weber e Simmel? Talvez eu também possa lhe fazer a pergunta sobre os "livros numa ilha deserta". Você é abandonado numa ilha e pode levar apenas um livro: qual seria?

Z.B.: Não me recordo do conceito de "clássico" (ou, nesse sentido, o de "pai fundador da sociologia") sendo aplicado seletivamente à tríade Marx-Weber-Durkheim ou a qualquer outro indivíduo, no meu tempo de estudante, como se tornaria hábito mais tarde, em grande parte sob a influência de Talcott Parsons. Cada tipo de sociologia constrói seus próprios mitos etiológicos e invoca seus próprios ancestrais; também escolhe a forma como esses ancestrais são selecionados e a relevância associada a essa seleção.

O esforço de Parsons de reescrever a história da sociologia como uma linha de progresso ininterrupta, que termina na síntese parsoniana abrangente e final, foi um polimento intelectual da proposta (felizmente logo frustrada) de uma dominação teórica de tipo eclesiástico, e essa proposta precisava de santos e exigia um panteão de composição estritamente controlada. Uma sociologia convidativamente aberta, que suspeita e resiste a toda reivindicação de monopólio, não precisa dividir o conhecimento em canônico e apócrifo. A sociologia de Varsóvia decerto não o fazia. Quando os ventos soprando do outro lado do Atlântico trouxeram a notícia da canonização, encontraram Ossowski e Hochfeld – ao contrário de alguns de seus colegas mais jovens, emprenháveis pelo ouvido – bastante indiferentes, em geral críticos e, quando necessário, enfrentando a nova moda para a qual não viam muita utilidade.

Para o bem ou para o mal, jamais cheguei a entender o que (quer dizer, tirando suas contingências históricas) é tão especial na obra de Weber ou Durkheim (ou, nesse sentido, em qualquer outra) que justifique atribuir-lhes um status distinto e privilegiado na rica e crescente tradição do pensamento social, em detrimento de outros ingredientes que contribuíram para sua permanente vivacidade e fertilidade. Vejo Durkheim numa longa linhagem de "sociólogos sociológicos" que vai de Montesquieu, Diderot e Rousseau, passando por Claude Saint-Simon e Auguste Comte, até Mauss e Halbwachs. Weber pertencia a outra linhagem, que inclui Dilthey, Windelband e Rickert, mas também, por exemplo, Werner Sombart. E houve uma ampla panóplia de grandes pensadores sociais poloneses que inclui virtualmente qualquer forma presente e passada de fazer sociologia: Gumplowicz, Kelles-Kraus, Krzywicki, Czarnowski, Znaniecki.

Suspeito que deixar de render respeito e reverência aos "textos canônicos" (uma habilidade treinada que se estende a minhas relações com as atuais celebridades) foi meu pecado original aos olhos do estudioso-modelo. Essa falha não facilitou minha vida acadêmica: nunca fui bom na arte da exegese, em me "manter fiel à letra" de textos santificados, e isso sempre impediu minha admissão em qualquer escola ou panelinha. Em qualquer sociedade estabelecida eu estava fora de lugar. Mas em troca isso me deu o tipo de liberdade que eu não trocaria pelo conforto do pertencimento: a liberdade de beber em qualquer fonte que eu considere inspiradora e sorver o quanto considerar digno de ser bebido.

Isso que me traz à sua pergunta da "ilha deserta". Seria muito difícil para mim escolher entre *O homem sem qualidades*, de Robert Musil, *A vida: modo de usar*, de Georges Perec, *Labirintos*, de Jorge Luis Borges, e *Cidades invisíveis*, de Italo Calvino. Esses livros exemplificam tudo que aprendi a desejar e tudo que busquei, em vão, atingir: a amplitude de visão, o estar à vontade em todos os compartimentos que constituem o tesouro do pensamento humano, a percepção do caráter multifacetado da experiência humana e a sensibilidade a suas possibilidades ainda não descobertas – o estilo de pensamento e de escrita que eu gostaria de dominar, mas infelizmente jamais consegui nem conseguirei. Se pressionado a limitar minhas escolhas, provavelmente ficaria com "O jardim de veredas que se bifurcam", de Borges.

K.T.: Em meados da década de 1950, você passou algum tempo na Inglaterra, na London School of Economics (LSE). Deve ter sido uma experiência contraditória, tanto intelectual quanto politicamente. De um lado, o tipo de sociologia praticado na Polônia devia ser bem diferente daquilo que a disciplina significava na LSE e, por outro, você deve ter ficado chocado com os diferentes problemas e possibilidades que então confrontavam os sociólogos poloneses e britânicos.

Z.B.: Cheguei à LSE logo depois da derrubada das barricadas do "Outono Polonês"[1] e de Wladiyslaw Gomulka proclamar o toque de recolher do ideal de uma sociedade livre e pluralista que a nação esperava que ele concretizasse (o conceito de "socialismo com face humana" ainda não havia sido cunhado). Eu já tinha um estudo sobre o socialismo britânico (sobretudo J.S. Mills e os fabianos), minha tese de doutorado, assim como um estudo mais curto, embora seminal para mim, sobre a sociologia do Partido (a própria ideia do Partido como objeto de investigação sociológica era algo blasfemo e criminoso) e a lógica da burocracia. Eu sabia que nossos sonhos haviam sido destruídos e estava ávido por descobrir o que dera errado e onde estavam nossos erros. Daí o estudo da dialética do movimento social e sua elite, ao qual dediquei inteiramente o ano que passei na LSE (principalmente em sua esplêndida biblioteca, minha maior descoberta em Londres – o livre acesso às prateleiras, e como elas eram cheias!). Travei novos conhecimentos e fiz algumas amizades (em especial com Ralph Miliband), assisti a palestras de Oakeshott, Glass, Titmuss e Ginsberg, mas minha interação foi sobretudo com os livros. Desenvolvi uma genuína afeição por Robert McKenzie, meu orientador na LSE. Gostava bastante de seus seminários, nos quais os políticos eram fritados, um após o outro, e admirava sua visão versátil, céptica, porém séria, das formas misteriosas pelas quais a "sagacidade da razão" abria caminho em meio às inanidades das práticas políticas.

Choques? Bem, foi durante o ano passado na LSE que me disseram que a sociologia tem seus clássicos, e fiquei chocado com o que ouvi. Também descobri que era possível ser professor de sociologia sem dominar a história da filosofia e do pensamento social, ou, nesse sentido, vagar pelas vastas extensões da cultura, e mais uma vez fiquei chocado. Mas eu me concentrei com muita intensidade em minha pesquisa e em meus textos para ter tempo de me dedicar a esses ou outros choques.

K.T.: Sabe-se muito bem que você se desencantou com o regime comunista polonês e que, no fim da década de 1950, participava do desenvolvimento daquilo que muitos comentadores chamam de "marxismo humanista". Que papel teve nesse processo o pensamento de Gramsci? Você já enfatizou a importância dele em seu desenvolvimento intelectual.

Z.B.: Para resumir, devo a Gramsci minha "dispensa honrosa" da ortodoxia marxista. Não lamento os anos de fascinação pelas ideias de Marx. Aprendi com ele ou fui por ele inspirado a desenvolver as estruturas cognitivas e avaliativas que espero ainda serem minhas até hoje: o desprezo por todas as formas de injustiça socialmente produzidas, o desejo de expor as mentiras em que se tende a enredar e, assim, ocultar, a responsabilidade social pela miséria humana e a inclinação de suspeitar de um erro sempre que se considere ou justifique a imposição de um torniquete sobre a liberdade humana. Creio que foi por intermédio de Marx que cheguei à minha crença na infinita e perpétua incompletude do potencial humano.

Se houve desencanto foi com a forma ossificada que se deu à versão vulgata "oficial" do marxismo e, mais que qualquer outra coisa, com a proibição oficial de se aplicar a crítica marxista ao "socialismo real", com a eliminação ou depreciação do núcleo e da fonte éticos dos ensinamentos marxistas. De forma paradoxal, Gramsci me salvou de me tornar antimarxista, como ocorreu com tantos outros pensadores desencantados, jogando fora no caminho tudo que era e continua sendo precioso e tópico no legado de Marx. Li boas-novas nos *Cadernos do cárcere* de Gramsci: havia uma forma de salvar o núcleo ético, assim como o potencial analítico que eu não via motivos para descartar da carapaça rígida em que ele fora encerrado e reprimido.

Bem, presumo que se pudesse aprender essas verdades com outras pessoas, ou mesmo descobri-las por si mesmo. Mas, falando francamente, para uma pessoa como eu, que tentava permanecer dentro da *Weltanschauung* à qual me acostumara, certamente ajudou o fato de essa ideia ter vindo de alguém cujas credenciais marxistas nem os mais leais defensores da oficialidade ousariam questionar. O encontro com os *Cadernos do cárcere* não poderia ter ocorrido em momento melhor de minha vida: eu havia, por assim dizer, "amadurecido" com sua ingestão e absorção.

K.T.: No livro *A imaginação sociológica*, C. Wright Mills afirma que partes de dois dos capítulos foram apresentadas como palestras na Academia Polonesa de Ciências, em Varsóvia, no final da década de 1950. No primeiro, Mills diz que a sociologia deveria sustentar os valores da razão e da liberdade, e assim colocar-se contra a maré (que ele, com discernimento, chamou de "pós-moderna") da redução do sujeito humano a um "robô animado". No segundo ele declara que os sociólogos deveriam responsabilizar os poderosos pelas consequências de suas ações e mostrar ao público como suas preocupações pessoais estão ligadas às questões públicas criadas por esses poderosos. Assim fazendo, a sociologia promove a democracia. Ora, naquela época você era membro do corpo docente da Universidade de Varsóvia. Presumo, portanto, que estivesse presente às palestras de Mills, se é que não teve algum papel em sua realização. Que impacto ele teve? Qual a natureza do diálogo entre sociólogos do "leste" e do "oeste" naquela época?

Z.B.: A reação a Mills em Varsóvia foi de tipo misto. Muitos buscaram sua companhia e o viram abordar seus pensamentos e desejos. Outros, deslumbrados e enamorados por qualquer coisa que se passasse por "sociologia americana", ficaram perplexos e embaraçados. Mills não representava essa sociologia. Ao contrário, naquela época, atacar Mills era um dos passatempos favoritos de muitos membros distintos da academia americana: não havia expediente, por mais desonesto, que os líderes nefastos da execração pública considerassem indigno e a que não se rebaixassem. Mills, afinal, era um espinho na carne daquele establishment sociológico profundamente conformista, tendo atacado, uma a uma, todas as suas vacas sagradas. Era o desvio encarnado, o crítico do credo americano entre seus pregadores e admiradores. Não surpreende que, para alguns de meus colegas prestes a ganhar uma bolsa da Fundação Rockefeller ou da Ford, Mills fosse uma espécie de Maria Tifoide. Figuras menos controversas, como Paul Lazarsfeld ou Leon Festinger, foram recebidas com grande entusiasmo (e havia dezenas deles em peregrinação a Varsóvia naquela época, já que a Polônia tinha se tornado, depois de outubro, uma verdadeira meca para intelectuais sonhando em vão "liderar as massas", assim como para aqueles que não podiam esperar para assistir à queda do inimigo comunista). Mas não Mills.

Os que evitaram sua companhia para manter intacta a lealdade aos Estados Unidos encontraram aliados nos que fizeram exatamente o mesmo por lealdade às forças da lei e da ordem. Proletários de todo o mundo recusaram-se a seguir o apelo de Marx, mas parece haver uma consolidada e florescente internacional dos amantes do establishment.

Eu, com outros que desejavam (e esperavam) humanizar seu ramo nativo de socialismo, li *A imaginação sociológica* e *A elite do poder* como um relato de nossos próprios deveres e preocupações. Não perguntávamos para quem estava tocando aquele sino em particular. Há muita coisa que aprendi com os livros de Mills, e o que aprendi não foi basicamente sobre os Estados Unidos. Os guardiães do regime polonês sabiam bem por que o maior crítico da elite do poder americana deveria ser tratado como persona non grata.

Mas permita-me usar a visita de Mills para ilustrar um aspecto pelo qual a compreensão mútua dos críticos da sociedade é algo difícil de se obter. Durante a estada de Mills em Varsóvia, Gomulka foi para o rádio criticar um ensaio de meu amigo Leszek Kolakowski. Todos nós trememos; tantas vezes chamuscados, esperávamos o pior. Mas Mills ficou alegre: "Como vocês têm sorte e como devem estar felizes – o líder do país responder aos tratados filosóficos! Ninguém lá de cima presta atenção àquilo que eu faço."

K.T.: Sua obra foi influenciada por pensadores sociais americanos como Richard Sennett e Christopher Lasch, e Rorty se tornou um de seus principais "estimuladores". Mas a sociologia americana é amplamente ausente de seus livros. Pode dizer alguma coisa sobre o modo como a vê?

Z.B.: É extremamente perigoso e muito imprudente fazer generalizações sobre a sociologia americana. Os Estados Unidos são um grande país, e é muito fácil encontrar grandes exceções a qualquer regra. No entanto, devo admitir que a "corrente principal" da sociologia americana, tal como representada, por exemplo, pelo *American Journal of Sociology*, não me deixa à vontade. Considero alguns produtos simplesmente entediantes, pouco inspirados e desestimulantes; outros colocam a sofisticação técnica bem acima da relevância do assunto.

Em geral, a sociologia americana se desenvolveu sob o impacto de desafios bem diferentes daqueles enfrentados pelos pesquisadores sociais europeus. Por muitos anos ela cresceu no arcabouço estabelecido pelas burocracias da guerra e do bem-estar social, com a intenção de dar melhores respostas a suas demandas. Em meu vocabulário, ela se aproximou do modelo de uma "ciência da falta de liberdade". Isso é o exato oposto de meu ideal de sociologia. O "sistema" autoequilibrador de Parsons foi a culminação profundamente legítima dessa tendência. Mesmo em seu trabalho mais sensível e mais "europeu", *A estrutura da ação social* (depois disso foi só decadência), a questão que mobilizou o pensamento de Parsons foi: será que os agentes voluntários não se comportam de forma aleatória?

Hoje as duas estruturas desmoronam depressa (embora em velocidades diferentes), e muitos sociólogos americanos se sentem como se o elo com a "agenda pública" estivesse perdido, sem que aparecessem elos alternativos desenvolvidos o bastante. Daí a desorientação e a busca desesperada de uma *raison d'être* alternativa. Mas não deve ser fácil encontrá-la seguindo a lógica interna do establishment sociológico.

Por uma série de razões, a sociologia europeia parece estar mais bem preparada por seu passado histórico para enfrentar os desafios do mundo "líquido-moderno" e se tornar útil para os seus habitantes. Devemos lembrar que a sociedade americana não teve o feudalismo em sua história, nem a revolução antifeudal, nem a *Burgertum* [sociedade civil] e seus críticos, nem um movimento socialista verdadeiramente importante. Samuel Gompers e outros parecidos fundaram sindicatos para facilitar a aceitação dos imigrantes na sociedade americana, não para travar uma guerra de classes. Por outro lado, a Europa jamais inventou o conceito de "atividade antieuropeia".

Devo mencionar que não concordo com numerosos observadores que tendem a descrever as atuais transformações na Europa (e outros lugares) como um processo de "americanização". Tampouco acredito que os Estados Unidos mostrem o futuro de todos nós. Por todos os tipos de razões, o modelo americano não é universalizável nem adequado à exportação. E é preciso mais, muito mais que comer hambúrgueres do McDonald's e assistir a *Friends* ou *ER*, ou mesmo apaixonar-se pela "tolerância zero" e pelas prisões privatizadas, para ficar "como os Estados Unidos". Assim, podemos argumentar que os sociólogos europeus não deveriam copiar o estilo e em particular os modismos e as fraquezas de seus correlativos transatlânticos que se confrontam com um tipo de sociedade diferente para estudar e são obrigados a responder a desafios dessemelhantes.

K.T.: Essa resposta suscita implicitamente a questão da relação de seu próprio trabalho com o pensamento social europeu. Seu pensamento parece encaixar-se muito bem numa peculiar tradição europeia de crítica cultural. Por exemplo, Weber imaginava se um indivíduo que é produto da história singular do "Ocidente" poderia ter uma compreensão universal; Husserl falou da crise do espírito europeu; Adorno e Horkheimer analisaram a dialética do Iluminismo; e Heller e Feher identificaram a Europa como uma "cultura hermenêutica". Como você responde a esse posicionamento de sua obra?

Z.B.: Desde que o conceito foi cunhado, Europa foi e continua sendo um *projeto*. Como você sabe perfeitamente, a história dessa península norte-ocidental do continente euroasiático foi pontuada de tentativas de unificação (mais objetivamente, de eliminar as fronteiras internas ou torná-las irrelevantes) contra os chefes de tribos e nações que a habitavam. A unidade devia parecer, por algumas razões, a "realização natural" do destino europeu. Todas as tentativas usaram, em variadas proporções, força militar e lemas espirituais. E todas fracassaram ou tiveram vida curta, exceto a única que com prudência se absteve de lançar mão da força ou dos lemas.

A atual "unificação da Europa" começou na cozinha, e não na sala de visitas. Realizaram-se conversações sobre coisas rotineiras e incontroversas como carvão e aço, e homens sensatos como Schumann, Monnet, Adenauer ou Spaak, que as conduziram, jamais mencionaram palavras nebulosas e contenciosas como cultura, espírito ou destino europeu. O atual debate sobre uma civilização europeia comum é uma continuação, um polimento de novas realidades econômicas/financeiras que se instalaram de maneira tácita ou mesmo sub-reptícia. A Associação Europeia de Sociologia foi fundada quarenta e tantos anos depois da Política Agrícola Comum, e, por tudo que sei, esta, embora frágil e incerta, é um modelo de vitalidade em comparação àquela.

O que é, portanto, a sociologia europeia? De modo mais genérico, e também mais relevante, o que é "cultura europeia"? Muitos têm falado em seu nome e outros ainda falarão. E isso não admira, visto que muitos têm o direito de fazê-lo e outros têm fundamentos para reivindicar esse direito. E, o que é mais importante, deve haver muitos locutores, pois cada um tem algo *diferente* a dizer. Sou tentado a afirmar que a "especificidade" da Europa se relaciona, de alguma forma, a essa multiplicidade e variedade de locutores.

A Europa é a cultura pluralista *avant la lettre*. Nisso está sua força e talvez mesmo sua singularidade. A ideia de *melting pot* não nasceu na Europa. Nós, "os europeus", fomos criados em meio à variedade e passamos nossas vidas na companhia da diferença. Aprendemos aos poucos a difícil arte de conviver com a diferença *pacificamente*, mas tivemos de aprender. Às vezes se diz que o "universalismo" inerente ao espírito europeu consiste em sua capacidade de conversar com o que lhe é estranho. Mas é possível dizer que a Europa poderia ser vista como uma estufa da humanidade universal em função de sua própria e surpreendente aptidão para se comunicar por sobre as fronteiras culturais (ou quaisquer outras).

Isso é infinitamente mais importante – seminal, promissor – que uma "identidade" definida. Antes de reconhecer o outro como um problema que merece sua respeitosa atenção, é preciso questionar-se e reconhecer sua própria ambiguidade. O *pensée unique* é o mais sinistro inimigo da universalidade. Durante a maior parte de sua história, a Europa esteve a caminho de algum outro lugar. E os viajantes tendem a ser vigilantes.

Eu me encaixo nesse ambiente? Gostaria muito. Espero que sim. Mas o que posso dizer, honestamente, é que tenho tentado, tanto quanto possível.

K.T.: Disso resultaria que há uma "afinidade eletiva" entre a cultura europeia e a teoria crítica?

Z.B.: Santayana descreveu a cultura – toda e qualquer cultura – como uma "faca pressionada contra o futuro". Cultura se refere a tornar as coisas diferentes do que são, o futuro diferente do presente. E seccionar as coisas, torná-las diferentes do que são e do que seriam caso não se aplicasse a faca, é um ato único, embora cada vez que se aperte a faca a intenção possa ser a de fazer *desse* corte o último. Pierre Boulez disse que a arte luta para transformar o improvável no inevitável. Creio que seja precisamente isso que "a cultura faz", e que, de modo intuitivo, ela estabelece a separação entre as imagens da cultura e as da estrutura. As estruturas surgem no ponto final da luta da cultura. Representam o "inevitável" só para serem corroídas e por fim dobradas, fatiadas e dissolvidas pela rebeldia, a belicosidade e a altivez infatigáveis e intransigentes da cultura.

A cultura é uma espécie de *revolução permanente*. Dizer "cultura" é fazer outra tentativa de levar em conta o fato de que o mundo humano (o mundo moldado pelos seres humanos e o mundo que os molda) é, perpétua, inevitável e irremediavelmente, *noch nicht geworden* (ainda não concluído), nas belas palavras de Ernst Bloch.

Estou ciente de que esse não é o uso do termo "cultura" universalmente aceito. Muito pelo contrário. Com muita frequência, "cultura" (em particular no clássico sentido antropológico) representava uma espécie de estação de serviço da estrutura, um instrumento da continuidade, da reprodução da mesmice e da resistência à mudança. A primeira vez que ouvi falar de cultura foi no contexto das teorias da "modernização" que estavam na moda em minha juventude. Nesse contexto, "cultura" era uma espécie de noção residual, algo semelhante a um vírus ou *bug*; era uma forma de denominar a desconcertante resistência que confunde as previsões teóricas e a persistência de diferenças que a teoria – voltada para modelar o desenvolvimento como se seguisse uma trajetória de "maturação" preordenada – não podia explicar e cujas causas era incapaz de localizar sem abalar seus alicerces.

"Cultura", nesse contexto, representava inércia, não movimento e mudança, e era quase sinônimo de "hábito", "rotina", ausência de reflexão, tendenciosidade, preconceito. Cultura era o que levava as pessoas a fazer de bom grado o que deviam fazer (o que era chamado de "ethos", "valores" ou padrões – cognitivos ou catéxicos); ou que tornava suas ações regulares independentemente de sua vontade (o que era chamado de "aprendizado" ou "aculturação"). Tal visão da cultura como "preservativa", como substância estabilizante e conservadora, está muito presente nas ideologias "multiculturalistas" hoje em voga. Só o sinal mudou, de negativo para positivo, já que a ambição universalizante foi removida da visão renovada de "progresso".

Se, contudo, concordarmos em usar o conceito de cultura da maneira aqui sugerida, a teoria que leva a cultura a sério, como o modo especificamente humano de ser, só pode ser uma "teoria crítica". Com isso não me refiro a qualquer escola específica. A "teoria crítica" só poderia ser separada e colocada num arquivo distinto como "uma escola" se ou quando a corrente principal da sociologia estivesse ocupada em modelar a reprodução da mesmice e a reafirmar a monotonia essencial da autorreprodução societária (sistêmica).

Entendo por esse termo o tipo de teorização que aceita, em primeiro lugar, que "as coisas não são necessariamente o que parecem"; em segundo, que "o mundo pode ser diferente do que é". Um tipo de teorização, em outras palavras, que declara *explicitamente* o que a natureza do modo cultural de ser presume *implicitamente*. Uma vez que se aceite a cultura com sua inquietação endêmica e sua inclinação inata à transcendência como característica fundadora do modo humano de ser, a ideia de "teoria crítica" parece pleonástica, como "manteiga amanteigada" ou "ferro metálico". Uma teoria que queira ser fiel e adequada a seu objeto só pode ser "crítica".

Por conseguinte, não considero a "teoria crítica" um distintivo de pertencimento a uma escola (a menos que seja considerada um evento histórico, e esse conceito seja associado a um grupo de pessoas plenamente definido, como os fundadores e membros da Escola de Frankfurt, e outros que têm o *pedigree* dessa instituição). Ela não distingue um corpo de conhecimento específico. Você dificilmente seguiria uma vocação sociológica abraçando uma visão do mundo panglossiana.

Se este for o caso, ser teórico crítico não determina a substância de sua teoria. As teorias críticas podem diferir e diferem de maneira ampla. O que as une é um tratamento semelhante da vocação sociológica, uma preocupação em manter aberto o potencial humano, eternamente inesgotado e irrealizado, enfrentando todas as tentativas de excluir e evitar o maior desvendamento das possibilidades humanas, estimulando a sociedade a continuar questionando-se e evitando que esse questionamento algum dia se interrompa ou se pretenda concluído. Em suma, não apenas é possível ser um teórico crítico tendo-se posições diferentes das de todos os outros. Creio que a variedade substantiva, revelando a pluralidade das possibilidades e seu status "indeterminado", é a condição sine qua non e, ao que se espera, permanente de uma sociologia capaz de realizar seu destino crítico.

E com a passagem do tempo, mudar o foco e a proposição substantiva é inevitável para que a faca crítica pressionada contra o futuro permaneça afiada. Os perigos que ameaçam as possibilidades humanas mudam, assim como a distribuição de "pontos cegos" na experiência humana que torna efetiva a sufocação dessas possibilidades. Em *Modernidade líquida* tentei esboçar a mais crucial dessas mudanças, que torna urgente repensar o alvo e a estratégia do pensamento crítico.

Resumindo, teoria crítica? Sociologia como atividade de crítica social? Nada de novo. Mas a matéria-prima mudou, assim como o perfil da demanda e também a natureza do produto. E, como sempre, a questão do gerenciamento ainda não foi resolvida, e é improvável que o seja num futuro previsível.

K.T.: Provavelmente seria útil trazer a discussão um pouco mais para terra firme e pedir-lhe que situe sua obra no contexto de alguns dos outros pensadores sociais do presente em termos do âmbito, escopo e interesses que podem ser encontrados mais obviamente na obra de autores como Foucault, Bourdieu e Elias. Qual sua afinidade com a obra desses ou mesmo de outros pensadores?

Z.B.: A afinidade, como você sabe, tende a ser seletiva (a propósito, outro pleonasmo nascido da tradução incorreta de Weber; a língua alemã não tem uma palavra distinta para "afinidade", e a chama de *Wahlverwandschaft*, que significa "parentesco escolhido": não se escolhe o parente, mas a afinidade, por definição, é seletiva). A afinidade intelectual tende a ser seletiva em múltiplos sentidos. Primeiro, o autor escolhe sua inspiração; depois, os leitores identificam semelhanças que podem ter sido mas não precisam ser notadas pelos autores. Em seguida, escritores ou leitores percebem no relato de um autor ressonâncias de seus próprios pontos de vista, sejam eles articulados ou intuitivos, e, por assim dizer, oferecem voluntariamente sua afinidade. De que tipo de afinidades você quer que eu fale? Por motivos óbvios, só me considero competente, se é que o sou, para me pronunciar sobre o primeiro.

As afinidades do primeiro tipo são em número grande demais para se relacionar na totalidade. Numa lista curta, eu incluiria de pronto: Richard Sennett, Richard Rorty, Anthony Giddens, Claus Offe, Pierre Bourdieu, Ulrich Beck, Claude Lévi-Strauss, Loïc Wacquant, Michel Maffesoli, Odo Marquard, Nils Christie, Henning Bech, Alberto Melucci, para citar alguns daqueles que continuam escrevendo e me fornecendo novas ideias. Mesmo essa lista está longe de ser completa. Sinto-me em débito com muitos outros autores. Tenho plena consciência desses débitos e nunca me arriscaria a fazer seu inventário se não fosse pressionado por você.

Minhas afinidades são seletivas num duplo sentido: eu seleciono os autores, mas também, em seus textos, o que se encaixa mais diretamente em meus interesses atuais (ou melhor, isso se "autosseleciona" no curso da leitura). Mas eu os escolhi como parentes e amigos espirituais porque invariavelmente, quando leio seus trabalhos, percebo interesses e propósitos comuns. Com muita frequência eles articulam para mim ideias que corriam abaixo do nível de consciência, pressionando para serem liberadas, ou que eu mesmo fui incapaz de nomear ou expressar de modo claro. Outras vezes eles abrem novas paisagens de que eu não suspeitava, ou de cuja significação eu não tinha consciência. A cada vez, porém, sinto que estamos "no mesmo negócio", e que tenho tentado, com resultados ambivalentes, transmitir na mesma faixa de onda que eles.

As "afinidades" não seriam apropriadamente reconhecidas se não se mencionasse outro tipo de fonte de inspiração. Há autores a que devo minhas estruturas cognitivas essenciais. O primeiro lugar entre eles é de Mary Douglas e Michel Crozier. A Mary Douglas devo minha compreensão da produção e dos efeitos sociais da ambivalência; a Crozier, a compreensão da incerteza como uma aposta no jogo do poder. Como você provavelmente notou, as duas ideias ficam se insinuando de modo incessante em quase todas as minhas tentativas analíticas, muitos anos depois de eu ter lido *Pureza e perigo* e *O fenômeno burocrático*. As afinidades não podem ser medidas pelo número de referências. As mais importantes não exigem notas de rodapé.

K.T.: Você tem Castoriadis na mais alta conta. Que inspiração obtém de sua obra?

Z.B.: Fico satisfeito de você ter mencionado Castoriadis. Ele tem ocupado um espaço especial entre aqueles que escolhi como parentes desde que fiquei admirado com o paralelismo (*toutes proportions gardées*) de nossos itinerários de vida, a similaridade dessa mistura curiosa e difícil de desembaraçar entre continuidade e descontinuidade. No ano da morte de Castoriadis, tentei exprimir as razões pelas quais me sinto tão extraordinariamente próximo de sua experiência. Permita-me citar um texto não publicado (e não concluído):

> Se, como disse Heidegger, a vida é um processo de recapitulação e reabsorção perpétuas, cada recapitulação sucessiva da vida indi-

vidual é inevitavelmente realizada em circunstâncias diferentes e sob diferentes estruturas cognitivas: nem tudo na vida pregressa está sujeito a recapitulação e reabsorção, pelo menos não sem uma profunda mudança de forma. Para muitos carregadores de água e cortadores de lenha, esta continua sendo uma preocupação privada, uma questão de acertar contas em segredo ou continuar a viver sem acertá-las. Mas a privacidade não é uma opção para escritores de livros e atores no espaço público. Aqueles que entre eles tiveram a bênção ambígua de serem vistos como de *vida longa* (e, com as gerações seguindo uma no encalço da outra, a poucos é negada essa bênção) frequentemente se veem empurrados ou tentados a gastar a última parte de suas vidas criticando as anteriores, reescrevendo seus próprios livros e refazendo seus próprios feitos: tentando entender o que antes tinha sentido, mas o perdeu, travando uma vez mais as longas batalhas esquecidas, buscando admissão no coro de detratores da experiência que modelou sua geração e das estratégias que escolheram para reagir a ela. O estudante de doutorado enfrenta uma tarefa assombrosa ao lutar para reunir textos produzidos em décadas sucessivas da vida do "mesmo" autor e deles extrair um sentido conjunto, ou ao menos produzir uma vaga ideia de linha reta nos meandros intelectuais desse autor.

Só existem poucas e eminentes exceções a essa regra – e Cornelius Castoriadis é a mais notável. Em nenhum momento de sua longa vida criativa Castoriadis (membro da Resistência Grega que, tal como Kostas Axelos e Kostas Papaioannou, se juntou às fileiras dos intelectuais franceses na década de 1940) se manteve à parte; em nenhum estágio de sua vida ele tentou ficar longe dos interesses, preocupações e ambições de seus contemporâneos; nunca procurou colocar seus interesses a uma distância segura dos principais campos de batalha intelectuais da época. A vida de Castoriadis se aproximou desse ideal de entrelaçar biografia e história com que muitos sonham e louvam da boca para fora, mas que só uns poucos conseguem na verdade realizar.

O conjunto dessas obras se lê como a crônica intelectual de uma era, um registro fiel de experiências, descobertas, pontos cegos, esperanças, desapontamentos, ingenuidades e sabedorias de sucessivas gerações. Castoriadis nunca assumiu aquela postura soberba e arrogante de um suposto "observador objetivo" que afirma estar sentado lá no alto, de onde os esforços cotidianos das pessoas comuns, com todas as suas limitações mentais e perceptivas, podem ser contemplados, censurados e, se for o caso, ridicularizados. Ele compartilhava esses esforços, nunca distante da linha de frente. E no entanto há uma admirável continuidade, consistência, coesão e unidade de propósitos, assim como uma inabalável lealdade ao seu projeto de vida, na *oeuvre* de Castoriadis, que se estende por mais de cinquenta anos e diversas gerações.

Há um propósito soberano, uma ideia-guia e um princípio estratégico nas obras de Castoriadis – desde a mais antiga até a mais recente.

Primeiro, o propósito: a busca obstinada, haja o que houver, com a ajuda das reviravoltas da história ou apesar delas, da ambiciosa intenção iluminista de "conduzir o ser humano à razão".

Segundo, o ideal necessário para alcançar esse propósito (se isso for possível) é que a "adesão" do ser humano "a uma instituição heterônoma de sociedade, sua internalização da representação em que a instituição se incorpora, acabe". A autonomia que só poderia ser alcançada pela autoemancipação da instituição incuravelmente heterônoma é – Castoriadis nunca deixa de repetir – tornada possível e, ao mesmo tempo, ativamente dificultada pela sociedade moderna. Há na sociedade moderna as *condições* institucionais da autonomia – mas não seus *alicerces* institucionais: "*O valor de nossa tradição é ter criado* o projeto de autonomia, democracia e filosofia, e também ter criado e valorizado a possibilidade de *escolha* (inexistente, por exemplo, para os verdadeiros judeus, cristãos ou muçulmanos)."

Terceiro, o princípio estratégico, que se mostra um princípio inteiramente ético: "O que temos de fazer é enfrentar nossa condição trágica – que é o que a ética pós-helênica, desde Platão, tem buscado ocultar: a vida humana deve ser afirmada como um absoluto, mas nem sempre o pode. As pessoas não gostam disso. Elas transformaram a promessa hebraica e cristã na exigência de uma 'base racional', e o Decálogo, na demanda por um livro de receitas éticas ou numa 'regra' que daria antecipadamente a resposta a todos

· Diálogo 2 ·

Ética e valores humanos

KEITH TESTER: No final do último diálogo, você citou a frase de Camus em que ele declarava não desejar ser infiel nem à beleza nem à humilhação como o tema de seu pensamento social. Fica perfeitamente claro, com seu uso de Camus, a partir de praticamente qualquer página de seus trabalhos, que sua obra é ética na própria natureza e que ela está impregnada de compromisso ético.

Você poderia abordar esse tema como ponto de partida desta discussão? E aí vem uma pergunta relativamente mais local: por que sua obra é tão comprometida eticamente? Na verdade, o que é ética?

ZYGMUNT BAUMAN: Volta e meia leio nas resenhas de meus livros que sou um seguidor de Rousseau: Bauman, dizem alguns críticos, presume que os seres humanos são intrinsecamente bons, e que ser mau é uma condição anormal de origem não individual, mas social. Porém, essa nunca foi minha posição. Não poderia ser, pois considero extremamente difícil, quiçá impossível, imaginar a "pessoa humana" fora da sociedade ou a "sociedade" independentemente dos indivíduos que a compõem. Se os seres humanos são "intrinsecamente" alguma coisa, eles são seres *sociais*.

Trata-se de uma pergunta muito comum: os seres humanos são bons "por natureza", como insistia Jean-Jacques, ou "por natureza" maus, como presumia Hobbes? Minha resposta a essa pergunta seria: nenhuma das duas coisas, e, se o fossem, não saberíamos. O que podemos razoavelmente supor, contudo, é que os seres humanos são "por natureza" *morais*; e que ser moral talvez seja o atributo constitutivo da humanidade, um traço que torna singular a condição humana e a distingue de qualquer outro modo de ser e estar no mundo. O próprio fato de se fazer a pergunta sobre a bondade ou maldade da natureza humana (o fato de ela *poder* ser feita) é toda a prova de que este é o caso.

"Ser moral" não significa necessariamente "ser bom", mas ter comido da árvore do bem e do mal e saber que coisas e atos podem ser bons ou maus. Ora, para saber isso, os seres humanos precisam de outro conhecimento, anterior a esse: que as coisas e os atos poderiam ser diferentes do que são. Poderíamos refletir que isso tem a ver com a partícula "não", presente em todas as línguas usadas pelos seres humanos para transformar o mundo lá fora no *Lebenswelt*, a existência na experiência. O "não" só faz sentido porque se presume que seja possível agir de mais de uma forma, ou que as coisas "lá fora" podem ser arranjadas de mais de um jeito. O "não" implica que as coisas *não têm de ser como atualmente são*, que elas podem ser alteradas, tornadas melhores, também. Não fosse por isso, não se falaria de moral: moral, afinal (e talvez *em primeiro lugar*), tem a ver com *escolha*. Sem escolha não existe moral. "A montanha é fria, mas não é má. Os ventos derrubam árvores, mas não são malvados" – como disse Aharon Appelfeld, um dos maiores autores de contos morais de nossa época.

Sobre a condição básica de saber que as coisas poderiam ser diferentes há muitos comentários divinos, seculares, cívicos ou hedonistas. Mas todos acompanham (justificam e sustentam) o esforço de dar preferência a algumas alternativas em relação a outras. A esse esforço dou o nome de "ética": o projeto de dar a certas ocorrências um maior grau de probabilidade do que elas teriam, e de reduzir ao mínimo a probabilidade de suas alternativas, ou eliminar de todo sua possibilidade. É isso que significa "sociedade".

A sociedade é o esforço contínuo de *estruturar* – e estrutura nada mais é que uma probabilidade de "ordem" –, a manipulação de probabilidades, tornando inevitável o improvável ou incerto, transformando-o numa norma, num evento regular e repetitivo. Chamamos de "cultura" um esforço semelhante para reduzir a aleatoriedade da conduta humana, para forçar essa conduta a seguir um padrão. Em resumo, a cultura significa colocar alguns tipos de escolha acima de todos os outros.

Tudo isso – sociedade, ordem social, cultura – seria inconcebível se a moral não fosse a condição básica dos seres humanos. Mesmo que, de forma paradoxal, todas sejam tentativas de tornar essa condição irrelevante e "neutralizar" suas consequências. Sou tentado a afirmar que a sociedade é um mecanismo que ajuda os seres humanos a lidar com o destino de serem seres morais, e esse destino é a necessidade de fazer escolhas com o conhecimento (ou pelo menos a suspeita, caso se façam esforços para suprimir ou negar tal conhecimento) de que são apenas escolhas. A sociedade grava os padrões de ética sobre a maleável matéria-prima da moral.

A ética é um produto social porque a moral não é. Se a sociologia é o estudo da sociedade, ela é e só pode ser, conscientemente ou não, uma investigação sobre as formas pelas quais as normas éticas são construídas e tornadas efetivas, as formas pelas quais as escolhas são feitas pelos e para os seres humanos, as possibilidades alternativas promovidas, reprimidas e, sob outros aspectos, manipuladas.

Se é isso que a sociologia está destinada a fazer, então a "neutralidade ética" muitas vezes exigida dos sociólogos é hipocrisia ou autoilusão. Sociedades são "escolhas coordenadas", e qualquer sociedade que se estude é uma realidade entre muitas, uma escolha entre muitas. Como todas as escolhas, essa sociedade pode ser boa ou má, mas sempre pode ser melhorada. Ter uma compreensão real desse fato particular já é um ato moral, cometido pelos seres morais que por acaso são sociólogos. (Permita-me observar que essas circunstâncias fazem com que os sociólogos, não importa o quanto tentem provar sua lealdade, pareçam suspeitos aos poderes constituídos, os quais prefeririam que as pessoas acreditassem que "não há alternativa" e que as escolhas não são escolhas.)

A consequência disso é outra escolha entre o bem e o mal que o ser moral não pode deixar de fazer. Pode-se concordar com a escolha feita pela sociedade que se descreve a partir de dentro, pode-se até assumir uma visão panglossiana de "este é o melhor dos mundos possíveis" e ir em frente, lubrificando as rodas do mecanismo social que torna a escolha efetiva. Ou pode-se questionar a sabedoria da escolha, insistir em considerar seus custos, calcular o volume de sofrimento humano que se poderia evitar caso a escolha fosse mudada.

Ser moral significa saber que as coisas podem ser boas ou más. Mas não significa saber, muito menos saber com certeza, *quais* são as coisas boas e *quais* as más. Ser moral significa tender a fazer certas escolhas sob condições de aguda e dolorosa incerteza. Creio que sabemos com mais clareza (embora pudéssemos ficar em apuros ao nos pedirem que sustentemos nossa posição) o que é mal. De um modo geral, temos poucas dúvidas a respeito disso: ficamos chocados e mortificados, sentimos nojo, consternação, repulsa.

O "bem", na linguagem da semiótica, é o membro marcado da oposição. A imagem do bem vem depois, com "sinal negativo", como retificação do mal. Porém, exceto pela esperança de que o mal ou parte dele se afaste, não temos certeza se o que vem em seu lugar será bom. Suponho que raramente, se é que alguma vez, achamos o substituto "suficientemente bom", uma vez que a cada situação continuamos a enfrentar o mesmo dilema entre o bem e o mal. A vida moral, a vida da escolha entre o bem e o mal, é repleta de ansiedade, autorreprovação e autorrecriminação.

Ser moral significa nunca se sentir *suficientemente bem*. Tendo a acreditar que esse sentimento está por trás do impulso endêmico de transcender, e a ele se deve a notória insatisfação dos seres humanos em relação a qualquer coisa que seja humana. Mas ele também gera muita infelicidade e uma dúvida constante que envenena até a maior das autossatisfações. É quando a ética vem a calhar – como um tranquilizante, um remédio que faz descansar os escrúpulos, uma droga para mitigar as dores da consciência. Porém, como acontece com todo remédio, ela está longe de ser infalível. A longo prazo, se tomado diariamente, pode provocar uma doença "iatrogênica", destruir o sistema imunológico do organismo e privar o self da pouca habilidade que pode ter tido para enfrentar os dilemas morais e buscar o bem por si mesmo.

Meu sábio amigo Leszek Kolakowski escreveu certa vez um ensaio, "Em louvor da inconsistência". Também escreveu outro ensaio intitulado "A ética sem um código" (em meu vocabulário, o título deveria ser "A moral sem ética"). Acho que os dois títulos são intimamente relacionados. A alternativa ao código de ética – fechado, preciso e acima de tudo restritivo (talvez até autoritário) – é uma vida de vacilação. A busca inquieta e incansável das formas de afastar o mal dificilmente poderia seguir uma linha reta, pois os passos que esperamos sejam bons trazem em geral novos males; e, quando examinados mais de perto, não parecem tão bons quanto se esperava.

Acho que o itinerário humano (individual ou coletivo, biográfico ou histórico) parece mais um pêndulo que uma régua. Para seres lançados numa situação moral, a consistência sustentada pela régua não é necessariamente uma virtude. Para os seres humanos que comeram da árvore do bem e do mal (uma refeição que oferece considerável conhecimento do mal, mas uma ideia bastante nebulosa do bem), ela é, me parece, uma impossibilidade.

Assim, existe a humilhação, essa feiura do ser que nos repele; e existe (deveria existir) a beleza, essa bondade projetada para a qual, uma vez repelidos, corremos em busca de abrigo. Não podemos ser fiéis aos humilhados a menos que recorramos à beleza. Fugindo de, projetado com a finalidade de correr para. Em minha leitura, Camus reitera a decodificação de "progresso" por Walter Benjamin. Tal como a história, nós, os selves morais, caminhamos de costas para o futuro, empurrados para trás pelos horrores do passado. O futuro, mal se apresenta para um exame minucioso, logo se torna passado, mostrando sua feiura.

Fico muito contente por você considerar minha obra "impregnada de compromisso ético". Assim eu queria que ela fosse, embora, como pessoa moral, não me atreva a dizer que ela o seja, pelo menos *suficientemente*. Mas suspeito de que ela estaria saturada de ética fosse ou não este o meu desejo consciente. Não acredito que um estudioso da realidade humana possa ser eticamente *neutro*. A única escolha com que nos defrontamos é entre a lealdade aos humilhados e à beleza e a indiferença a ambos. É como qualquer outra escolha com que um ser moral se defronta: entre assumir e recusar a assumir a responsabilidade pela própria responsabilidade.

K.T.: O aspecto ético tem sido uma característica constante de sua obra. No último diálogo, você aludiu ao socialismo vendo-o muito mais como ambição ética que como princípio de engenharia social ou mudança institucional. Esse tema está implícito num de seus primeiros livros do "período inglês", *Socialism: The Active Utopia*. Que significa descrever o socialismo como utopia? Será que utopia significa um voo da ambição humana, e é dessa maneira que o socialismo poderia ser visto como ético?

Z.B.: Suspeito que, em nosso uso sociocientífico, com muita frequência reduzimos o conceito de "utopia" aos esquemas de boa sociedade produzidos no início da modernidade, entendida como um tipo de totalidade que se apropria das escolhas de seus membros e determina antecipadamente sua bondade, como quer que a possamos entender. Um tipo de totalidade em que, pura e simplesmente, "ser mau" seria uma impossibilidade. Um dos primeiros pronunciamentos do espírito moderno foi a ideia de Alberti sobre a perfeição como um estado de coisas em que qualquer mudança só poderia ser para pior. Esta é, admito, uma perspectiva sedutora e atraente (ainda que há muito se suspeitasse de que a aflição do paraíso seria o tédio emanado da falta de propósito do ser). A ideia de se livrar de uma vez por todas dos tormentos da escolha e da incerteza só pode seduzir o atormentado.

Essas utopias peculiares refletiam as ambições e também as autoilusões do espírito moderno. Vamos usar nosso poder de escolha para pôr fim aos sofrimentos e tribulações da escolha. Vamos acabar com a contingência, a ambivalência, a ignorância, com os erros crassos: a estrada tem um fim, um ponto de chegada onde os viajantes podem descansar e fruir dos frutos de seu trabalho. Suponho que a maior parte disso estava presente em meu fascínio pelo ousado projeto socialista. Assim, havia, receio, um imoderado grau de "engenharia social" no projeto que eu adorava, uma ideia de mudança para acabar com a necessidade de mudar.

Entretanto, a ideia de "inevitabilidade histórica" nunca foi, e com toda a certeza não após meu encontro com Gramsci, parte de minha compreensão do socialismo como "boa sociedade". Na época em que escrevi *Socialism: The Active Utopia*, algo se havia rompido para sempre: a visão do socialismo (ou, nesse sentido, da "boa sociedade") como um estado a ser alcançado, um estado tendente a se tornar, em algum momento, "o estágio final da humanidade". Em vez disso, surgiu a visão do socialismo (e, de modo mais geral, da utopia) como um horizonte em movimento constante, que recuasse perpetuamente, mas que guiasse a viagem; ou como um ferrão espetando a consciência, uma censura aborrecida que coloca a complacência e a autoadoração fora dos limites e fora de questão. Agora era a própria utopia, e não o estado de coisas que ela deveria produzir, que portava a marca da eternidade. Sua atração não estava na promessa de descanso, mas em manter os seres humanos em movimento permanente, em convocá-los a combater sempre novas injustiças e a assumir o lado dos sucessivos escalões de desprezados, feridos, humilhados.

Agora estou inclinado a aceitar que a utopia é parte inseparável da condição humana, da mesma forma que a moral. Devo essa visão a Ernst Bloch. Lembro-me de ter ficado profundamente impressionado com sua definição do ser humano como "uma intenção apontando para a frente", e da "natureza humana" como "algo que ainda está por ser encontrado". Fiquei impressionado com suas proposições de que o único "ser" possível no momento – em qualquer momento – é o "ser perante si mesmo", e de que, "tanto no homem quanto no mundo, o essencial ainda está pendente, esperando, temeroso de se tornar inexistente, na esperança de ser bem-sucedido", e de que o mundo é um "amplo encontro cheio de futuro". A "essência humana" estende-se eternamente no futuro, o *pool* de possibilidades humanas permanece eternamente não exaurido, e o próprio futuro é desconhecido e incognoscível, impossível de vislumbrar ("O outro absoluto", no vocabulário de Levinas).

Essa percepção da modalidade humana transpira tolerância, oferece o benefício da dúvida, ensina modéstia e autorrestrição. Se você sabe exatamente como é a *boa sociedade*, qualquer crueldade que cometa em seu nome será justificada e absolvida. Mas só podemos ser *bons uns com os outros* e nos abstermos da crueldade quando não temos segurança de nossa sabedoria e admitimos a possibilidade de erro. Uma vez declarada, esta é uma verdade banal, e no entanto precisa ser repetida por ser tão raramente praticada. Eu incluiria Bloch entre os pensadores éticos do século passado mais destacados, com Levinas, Logstrup e Jonas.

Creio, agora, que a utopia é um dos elementos constituintes da humanidade, uma "constante" na forma humana de ser e estar no mundo. Isso não significa que todas as utopias sejam igualmente boas. Elas podem levar a uma vida melhor e também podem desorientar e desviar daquilo que uma vida melhor exigiria que se fizesse. Coloco nessa última categoria as utopias "desregulamentadas" e "privatizadas" de nosso mundo individualizado.

K.T.: Seria esse aspecto utópico também a base de sua compreensão do valor da cultura? Em *Cultura como práxis*, você liga a cultura à ambição e à criação humanas; e, de modo geral, à liberdade em relação à necessidade e à compulsão. Esse também é o cerne de seus comentários sobre os "valores humanos" na palestra inaugural na Universidade de Leeds, em 1971.

Z.B.: Sim, estou convencido de que moral e cultura são *supressões da necessidade* (mesmo que o propósito ostensivo da cultura tenda a ser produzir necessidade a partir da contingência, determinação a partir da aleatoriedade). E estou convicto de que a liberdade é a "condição natural" da humanidade (ainda que a maior parcela de sua história tenha sido dedicada ao uso dessa liberdade para suprimir a livre escolha). Também tenho a convicção de que esse erguer-se acima da necessidade a que se dá o nome de liberdade é o segredo da surpreendente criatividade que os seres humanos seguem demonstrando quando se trata de buscar, encontrar e inventar os modos de ser e estar no mundo.

A ausência de liberdade não está no programa, mas não por falta de tentativas. Uma coisa que os seres humanos não conseguem é ser livres: subdeterminados, incompletos, "ainda pendentes". Sempre existe algo mais a fazer, um negócio a concluir, um trecho de estrada a percorrer. A esse respeito, os ambientes sociais não diferem muito entre si. Eles diferem no grau em que aquele "algo a ser feito" é prescrito e canalizado em padrões. Mas, ainda que a tarefa seja seguir um padrão e uma rotina, *conformar-se* a modelos tornados obrigatórios, requisito da "conformidade", pouco sentido faria se não houvesse a possibilidade de *não conformar-se*, de agir de forma diferente, de buscar modos alternativos, sejam eles tácita ou abertamente reconhecidos.

A liberdade é o maior dos valores humanos. Mas, antes de tudo, é um *destino*. Seres livres, já que são livres, podem abraçar esse destino ou tentar escapar dele, torná-lo sua vocação ou lutar contra ele: essa também é a capacidade a que devem sua liberdade. Se a liberdade é um valor, ela é também um valor extremamente ambíguo. Ao mesmo tempo atrai e repele.

Erich Fromm descreveu a fuga à liberdade como um dos motivos mais comuns dos esforços humanos, enquanto Alfred Schütz assinalou nossa inclinação igualmente comum a ocultar os motivos "a fim de" que estão por trás dos motivos "por causa de". É um pouco menos enervante, desconcertante e assustador explicar as ações de alguém usando a expressão "eu precisava" em lugar de "eu queria". Daí a traiçoeira fascinação das ideologias do tipo "não há alternativa" e "só existe um caminho", assim como o impressionante poder de sedução dos engodos totalitários. Assim, muitos de nós com tanta frequência sentem que ficariam satisfeitos se sua liberdade lhes fosse negada, contestada ou eliminada. E nunca há carência de ofertas nesse sentido. Ser livre exige cabeça fria e nervos de aço.

Em nossos tempos de "modernidade líquida", há mais razões que em qualquer outra época para uma "vertigem de liberdade". Os padrões aos quais as pessoas deveriam ajustar-se são notórios por se dissolverem tão logo moldados; as rotinas em que seria possível se esconder das escolhas mudam rápido demais para se sedimentar em hábitos, o "desencaixe" prossegue inquebrantável. Mas muitas vezes, e para muita gente, há apenas camas de motel e sacos de dormir disponíveis para o reencaixe.

Honestamente ou não, todo dia nos dizem que as possibilidades são ilimitadas e que cabe a nós determinar e escolher as mais adequadas; o que é mais importante, somos punidos por não conseguir encontrá-las, como se fosse verdade o que nos disseram sobre sua disponibilidade. Nós nos aproximamos perigosamente do *Erewhon* de Samuel Butler, em que especuladores e fraudadores eram vistos como vítimas de aflição, lamentados, tratados com carinho e envolvidos pela solidariedade pública, enquanto os pobres e doentes eram considerados criminosos e aprisionados; onde "a sorte era o único objeto digno da veneração humana"; onde se reconhecia que "o grau em que um homem tem o direito de ter mais sorte e, portanto, ser mais veos casos que se possam apresentar. Medo à liberdade, necessidade desesperada de afirmação, ocultação de nossa condição trágica."

E assim, quando, fiéis ao propósito e armados da ideia de como a causa desse propósito poderia ser mais bem servida, ficamos com um preceito que é muito direto, mas nem por isso mais fácil de seguir: "'Tornem-se autônomos' e 'contribuam ao máximo para que outros se tornem autônomos'. Esse preceito não é fácil de implementar, já que a 'condição trágica' da humanidade é precisamente o fato de que 'nenhum problema é resolvido por antecipação. Temos de criar o bem em condições incertas e imperfeitamente conhecidas. O projeto de autonomia é fim e guia, não nos resolve situações efetivamente reais.' E assim o 'conhecimento imperfeito' e a 'incerteza das condições', da mesma forma que a incerteza de resultados, provavelmente acompanharão nossos esforços 'de criar o bem' enquanto durarem esses esforços."

O propósito, a ideia e o princípio estratégico unificam a obra de Castoriadis ao longo de muitos anos, desde os dias impetuosos de *Socialisme ou barbarie* e prosseguindo no ofício de um psicanalista praticante e na sala de estudos do economista aposentado da OCDE. Houve mudanças de atenção e dos focos políticos de investigação – mas cada mudança foi inspirada pela intenção de encontrar o território certo onde o propósito tivesse melhor chance de ser atingido, a ideia pudesse ser mais bem acomodada e o princípio empregado com melhor efeito.

K.T.: Em sua opinião, qual a relação da sociologia com outras disciplinas acadêmicas?

Z.B.: Esta é uma pergunta clássica. Também suspeito que seja uma pista falsa. Por motivos tão facilmente compreensíveis quanto não convincentes, ela vem à tona em todo curso introdutório oferecido a estudantes de primeiro ano de sociologia. Isso é compreensível, pois a academia é um mundo de cruel competição por verbas, e algumas pessoas precisam provar que existem tipos de pesquisa e perícia que só elas podem oferecer, e já que o mundo fora da academia é semelhante, de modo que as credenciais que os estudantes conseguem obter e levar consigo ao saírem devem apresentar nomes que tornem seus portadores aceitáveis e, portanto, vendáveis. Mas isso também é inconvincente, pois há pouca substância nas divisões acadêmicas, excetuando-se as necessidades que surgem da mistura de considerações burocráticas e mercadológicas. Suponho que, quanto mais quente o debate sobre as fronteiras disciplinares e o tráfego legal-ilegal através delas, menos "naturais" devem ser esses limites, e mais artificiais e arbitrárias as linhas de demarcação.

Émile Durkheim e seus contemporâneos tinham de dedicar muita atenção à questão da singularidade da sociologia e sua relação com áreas "mais antigas" do conhecimento erudito (ou seja, com disciplinas academicamente estabelecidas e não mais vistas como imigrantes ilegítimos, *sans-papiers*). Para eles, reunir os melhores argumentos possíveis para provar seu direito a cadeiras distintas era uma questão de vida ou morte. Desde então, continuamos discutindo por inércia, e não por necessidade, seguindo ainda uma das duas estratégias: buscando, como Durkheim, um distinto domínio dos "fatos" que outros deixam de lado, ou insistindo, como Weber, na singularidade da forma de seu tratamento. O tempo dedicado à argumentação, contudo, poderia ser mais bem gasto, já que a sociologia é uma "realidade", não uma "proposta". Há muito tempo adquiriu passaportes acadêmicos, e sua reprodução contínua está assegurada, tendo se tornado uma questão de lógica institucional.

O que quer que os porta-vozes da sociologia possam dizer sobre a natureza de seu trabalho, a disciplina é um diálogo contínuo com a experiência humana, e essa experiência, ao contrário dos prédios de uma universidade, não se divide em departamentos, que dirá departamentos rigidamente fechados. Os professores podem se recusar a ler ou mesmo desprezar o trabalho de seu vizinho do próximo andar e manter ilesa a convicção de terem identidades distintas. Porém, o mesmo não se pode dizer da experiência humana, em que sociológico, político, econômico, filosófico, psicológico, histórico, poético etc. estão misturados a nerado que seus vizinhos é uma questão que sempre foi e sempre será decidida em termos imediatos pelas barganhas do mercado e, em última instância, pela força bruta"; e onde um juiz respondia aos pedidos de clemência dos desafortunados dizendo "vocês podem afirmar que é seu azar serem criminosos: eu respondo que seu crime é não ter sorte".

A versão atual do eterno expediente do "não há alternativa" é também inusitada. Agora se insinua que não há alternativa ao pressuposto de que o volume de alternativas "ao alcance de todos" é infinito; como se a sociedade ser governada e seus membros tratados como se esse pressuposto fosse algo verdadeiro. Mas ele não é nem pode ser verdadeiro enquanto a atual desconexão de liberdade e segurança – dois valores que não podem ser desfrutados em separado – persistir. Somos convocados a acreditar, hoje, que a segurança está desempoderando, desabilitando, alimentando a desprezada "dependência" e restringindo totalmente a liberdade dos agentes humanos. O que se ignora em silêncio é que fazer acrobacias e equilibrismo sem rede de segurança é uma arte que poucos dominam e, para todos os demais, uma receita para o desastre. Eliminada a segurança, a liberdade será a primeira baixa.

K.T.: *Modernidade e Holocausto* pode ser visto, com todos os insights e o conhecimento retrospectivo, como um ponto de inflexão em seu pensamento. Este é o livro em que Levinas aparece em sua obra. Você pode dizer alguma coisa sobre o motivo pelo qual recorreu a Levinas e sua ética de preocupação com o outro?

Z.B.: O que aconteceu, ao que parece, com meu pensamento entre *Socialism: The Active Utopia* e *Modernidade e Holocausto* foi que a perspectiva pela qual eu via a beleza, a humilhação e a fealdade se ampliou. Aos poucos, as vítimas da injustiça econômica começaram a me parecer o caso particular de um fenômeno muito mais amplo, ubíquo e persistente, que é o do "estranho".

Comecei a ver a privação como um artefato da exclusão, e não como sua principal causa; e a sina dos trabalhadores industriais que estimulou a utopia socialista em sua forma de "contracultura do capitalismo" como um modo peculiar e historicamente limitado de produção social de excluídos.

Norbert Elias chegou a isso antes (em *Os estabelecidos e os outsiders*), mas creio que o que me colocou nessa linha de pensamento foi Mary Douglas, com *Pureza e perigo*. Levou algum tempo para que essa inspiração se entranhasse, e mais ainda para que se enraizasse e produzisse frutos: perceber que a maior parte, se não toda a ameaçadora maldade da degradação humana, assim como a indignidade socialmente produzida, é subproduto da busca de ordem e do medo do tumulto, levados a um extremo obsessivo e radical pela modernidade – ela própria uma resposta desesperada ao colapso da ordem autorreprodutiva do *Ancien Régime*. Suponho que, ao escrever *Socialism: The Active Utopia*, cheguei ao limiar dessa percepção: o livro mostra, em termos de premonição, que aquilo de que a utopia socialista necessitava era reapresentar-se como uma "contracultura da *modernidade*". Mas se passaram mais alguns anos até eu imaginar as consequências.

Ao conceber e escrever *Modernidade e Holocausto*, Levinas apareceu como uma pós-reflexão. Havia a descoberta de Nechama Tec, de que aqueles que ficaram chocados com o sofrimento a ponto de nadar contra a corrente e se arriscar para ajudar os sofredores vinham de todas as "categorias sociais" que, segundo o credo sociológico, determinam a "eticidade" da conduta humana. Claramente, portanto, os atos morais significavam *quebrar*, e não *seguir* as normas socialmente projetadas e monitoradas. E havia a observação de Hanna Arendt de que os que conseguiam escapar à orgia genocida precisavam erguer-se contra os padrões dominantes de sua sociedade sem contar com qualquer apoio das normas socialmente impostas e dos preceitos éticos oficiais; e de que a capacidade de enfrentar a sociedade podia ser um pré-requisito da ação moral.

Tanto as descobertas de Tec quanto a observação de Arendt foram amplamente corroboradas pelo fracasso de todas as pretensas "instituições guardiãs da moral" em evitar – que dirá impedir – que a indústria da morte fizesse seu trabalho. Isso lançou uma enorme dúvida sobre a visão canônica, durkheimiana, da moral como um produto da sociedade e uma conquista do controle social apoiado por sanções.

Essa foi uma visão que, de qualquer modo, tratei com grande dose de suspeita por conta de sua indiferença ética: se não há nada na moral dos membros de uma sociedade além da vontade da sociedade a que pertencem, em que base se poderia contestar a moral de qualquer norma? E onde se poderia encontrar uma base de apoio para resistir a uma norma malévola? Se não existe nada em que a moral possa basear-se, exceto preceitos socialmente autorizados e sanções socialmente administradas, suas chances são no mínimo frágeis, e seu futuro, precário.

Mas se a decantada versão da moral de Durkheim, quase universalmente aceita e poucas vezes questionada, é falha, o que poderíamos colocar em seu lugar? O que quer que coloquemos em seu lugar deve levar em conta a presença de sociedades que, longe de evitar a crueldade, podem na verdade endossá-la e promovê-la. Deve aceitar que as sociedades *manipulam* a moral em vez de *produzi-la*. E deve ancorar a moralidade e o ser moral num terreno mais sólido e confiável que as multiformes e imprevisíveis "opiniões da maioria" e suas armaduras institucionais. Esse foi o grande ponto de interrogação que surgiu quando eu estudava as lições do Holocausto, e Levinas me apareceu como uma resposta enviada por Deus. Lembro-me claramente do sentimento de "eureca!", "é exatamente isso!", que tive quando li que "a ética vem antes da ontologia".

Encontrei duas mensagens naquela afirmação. Primeiro (já que, num mundo dotado de ética, mas sem ontologia, não existe "antes" ou "depois", apenas "melhor" e "pior"), que a realidade socialmente produzida é que precisa justificar-se, uma vez submetida a prova e julgada pelo tribunal da ética, em vez de usurpar o direito de decidir o que é ou não é moral. Segundo, que ou as fontes de moral podem ser encontradas numa modalidade de existência humana que é imune aos caprichos dos arranjos sociais, ou elas pura e simplesmente inexistem. A moral não pode ser "fabricada" da mesma forma que outras instituições humanas. Ela é, antes, a matéria em que os arranjos humanos são talhados. Ela é, para empregar a terminologia de Aristóteles, sua "causa material". E assim também a condição, frequentemente esquecida ou desprezada, embora indispensável, da própria possibilidade de talhá-los. A moral *é* – não pode nem precisa apresentar suas razões ou provar seus direitos. A pergunta "por que eu devo ser moral?" é o fim da moralidade, não o princípio; uma pergunta ao mesmo tempo suspeita, importuna e ubíqua numa sociedade que tende a expropriar o self moral de sua responsabilidade, oferecendo em troca a conformidade a uma regra.

Eu só conhecia uma pequena parte dos escritos de Levinas quando o manuscrito de *Modernidade e Holocausto* foi enviado à gráfica. Mais tarde eu os estudei e aprendi muitas outras coisas além do que transpareceu no último capítulo daquele livro. E passei a admirar Levinas também por outras razões. A mais importante delas é a tese da ambiguidade inata da condição moral e da impossibilidade de "negar pela argumentação" a incerteza endêmica da responsabilidade. Encontrei nessa tese um lampejo da esperança roubada, sob outros aspectos, na era da "modernidade líquida", numa sociedade que rejeita quaisquer pretensões à função ética e que transfere de bom grado a regulação das relações humanas às forças do mercado.

K.T.: Ao recorrer a Levinas, você fez um movimento oposto ao realizado por Hanna Arendt. No livro sobre Adolf Eichmann, ela o condena com base no fato de ele se haver recusado a cumprir seu dever tal como estabelecido pelo imperativo categórico. Mas seu livro sobre o Holocausto pode ser lido como uma crítica a esse tipo de análise. Pode-se dizer que, de um ponto de vista levinasiano, qualquer afirmação sobre dever e coisas desse tipo significa colocar um ideal abstrato no lugar da responsabilidade que o indivíduo tem em cuidar do outro. Você poderia dizer alguma coisa sobre o motivo pelo qual tomou caminho tão diferente do de Hanna Arendt na condenação do Holocausto?

Z.B.: Aqui me sinto obrigado a protestar. Você sugere que a autora de *As origens do totalitarismo* e *A condição humana* era uma "vigorosa socióloga" por temperamento e estrutura mental, se não por formação acadêmica, uma visão que é alheia à própria substância de sua obra e quase inconcebível à luz dessa mesma obra. A questão colocada em *Eichmann em Jerusalém* diz respeito ao problema sociológico das causas do mal, não à questão filosófica de provar que o mal é o que ele é – o mal. Poderíamos (e deveríamos) condenar Eichmann ainda que Kant nunca tivesse nascido. A grande pergunta é: por que existem Eichmann a serem condenados?

Minha diferença com Arendt, se é que existe, não é sobre Kant e a coerência lógica ou os poderes argumentativos do imperativo categórico. Minha discordância diz respeito à tese dela sobre a "banalidade do mal". Arendt traduz essa expressão intrigante como uma acusação de irreflexão: Eichmann era mau *porque não pensava.* Mas seria difícil provar a irreflexão de Eichmann, a menos que Arendt tivesse utilizado o termo num sentido diferente daquele aceito e sancionado pela sociedade que todos nós habitamos. Eichmann foi um burocrata de alto nível, bem-sucedido, coberto de prêmios e medalhas pela eficiência de seu pensamento. Ao aplicar o que a burocracia definia como lógico e racional, Eichmann era um mestre. Se Hitler tivesse saído da guerra vitorioso, as universidades competiriam para ter Eichmann entre seus professores de ciência administrativa.

Estou longe de sugerir que pensar não é uma questão importante e que nós podemos passar sem isso (qualquer ato de assumir responsabilidade pela responsabilidade moral deve ser o ponto de partida de uma reflexão longa e profunda). O que sugiro é que Eichmann não é um bom exemplo a partir do qual podemos aprender as consequências desastrosas de deixar de pensar. Algo mais, contudo, pode ser aprendido com a história de Eichmann: a *racionalidade* do mal.

É possível aprender que o mal pode ser tão impecavelmente racional quanto a bondade. E o pensamento lógico correto, um pensamento que siga todas as leis da racionalidade, é em si mesmo (ou seja, a menos que domesticado e guiado pela responsabilidade moral) impotente quando se trata de interromper as ações maléficas de imediato. Pode-se até mostrar o motor mais eficiente do mal. Também me sinto desconfortável quando o problema do mal, um problema inteiramente ético, é apresentado em termos moralmente neutros (na verdade, indiferentes) como "dever". Há deveres de toda espécie, como qualquer recruta do exército deve saber, mas apenas uma parcela deles está remotamente relacionada ao tipo de cuidado que nos disporíamos a definir como "moral". Eichmann não era uma pessoa que cumpria seus deveres? Não estava sempre à disposição de seus superiores, não tinha o cuidado de não decepcionar seus colegas de crime?

Há um abismo intransponível a separar o dever em relação ao mais forte, alguém com recursos suficientes para comandar, recompensar e punir, do dever em relação ao mais fraco, incapaz de qualquer uma dessas coisas. Para evitar essa confusão, que só poderia ofuscar ainda mais um problema já complexo, prefiro falar da diferença entre a "responsabilidade para" (as normas, seus autores e seus guardiães) e a responsabilidade moral que é sempre uma "responsabilidade por" (o bem-estar e a dignidade do outro). As duas responsabilidades podem operar em uníssono, e sorte tem a sociedade em que isso ocorre. Mas elas trabalharem de comum acordo não é de maneira alguma um hábito comum nem uma "predileção natural".

A força da razão moderna está no poder dos instrumentos. O que conta como medida do sucesso é a eficiência, a velocidade e a escala da performance. Sua fraqueza reside na imprecisão e na incerteza quanto aos fins a que os instrumentos devem ser aplicados. (Como observou Levinas em seu ensaio sobre Buber e Marcel, "a destreza intelectual de ser mostrou-se a destreza tecnológica de ser como o mundo. ... Embora liberto pela razão científica, o homem se tornou um joguete das necessidades tecnológicas que ditam sua lei à razão". Levinas observa uma crescente incerteza quanto à "precisa relevância do racional, uma vez libertado da opinião e da ideologia"!)

A razão da modernidade é instrumental – pode dizer muito sobre o modo como as coisas precisam ser feitas, mas quase nada sobre como deveriam ser satisfeitas. Decisões sobre meios são tomadas de uma forma que tem pouco de "moderna", como uma questão de ideologia e de poder político e/ou militar. Ao contrário da eficiência dos instrumentos, a propriedade dos meios escolhidos não pode ser "provada" nem "negada". Promover certos fins e impedir que outros sejam implementados depende de lutas de poder, não de argumentação.

A modernidade também se refere a tornar o mundo "limpo", "transparente", previsível e, assim, totalmente "ordenado". Ordenar significa tornar a realidade diferente do que é, livrar-se dos ingredientes da realidade considerados responsáveis pela "impureza", "opacidade", "contingência" da condição humana. Uma vez que se comece a percorrer essa estrada, pode-se chegar, mais cedo ou mais tarde, ao veredicto de que a algumas pessoas seja negada a ajuda, que elas sejam jogadas fora ou destruídas em nome de um "bem maior" e da "maior felicidade" de outros.

Uma vez que se presuma que sociedade feliz é sociedade racialmente limpa, a decisão de deportar judeus e ciganos ou matá-los em câmaras de gás é uma forma de procedimento *racional*, e grande quantidade de pensamento é dedicada à realização da tarefa. Uma vez que se presuma que uma sociedade ordeira deve ser livre de dissidentes e encrenqueiros, jogar os heréticos nas masmorras e repelir os não conformistas é, uma vez mais, um meio racional de se atingir um fim.

Assim, o Holocausto foi um produto legítimo da modernidade. Ele dizia respeito, afinal, ao emprego da melhor tecnologia disponível para limpar o mundo de elementos que obstruíam o caminho para a perfeição. O modelo de perfeição, nesse caso, era um mundo livre da "antirraça" judaica e a colocação das raças inferiores no único papel que lhes servia, o de servos da *Herrenrasse*.

Em outros casos de genocídio moderno, os objetivos foram diferentes. A ordem podia exigir o extermínio de anticomunistas e seus simpatizantes potenciais (como na Rússia de Stálin), ou dos comunistas e daqueles que com eles se alinhavam (como na Argentina ou no Chile), ou exigir livrar-se de pessoas culpadas de falar línguas diferentes ou adorar outros deuses. Nada de "moderno", repito, quanto aos objetivos, exceto a presunçosa confiança de que eles não poderiam ser atingidos. A grandiosidade da visão e o poder das ferramentas também grandiosas são profundamente modernos e impensáveis sem a modernidade. Se alguma coisa nesses genocídios pode ser considerada uma falha do "pensamento", é apenas o fato de a maioria deles não ter conseguido alcançar seus propósitos. A tecnologia, obviamente, não era moderna o bastante.

K.T.: Falar em termos levinasianos não implica que, sem restrições e falta de liberdade, os seres humanos são capazes de se comportar com responsabilidade em relação uns aos outros? Mas, fazendo o papel de advogado do diabo, a história não prova que Hobbes estava certo? Não se pode afirmar que, deixados à própria sorte, os seres humanos são maldosos e brutais, e nossas vidas, curtas e violentas? Não se poderia afirmar que, violenta como possa ter sido a modernidade, as coisas seriam muito piores se ficássemos por conta própria?

Z.B.: Nem você nem eu jamais conhecemos o "homem hobbesiano", um ser humano lançado num mundo que não tem sociedade, entidade que "pré-fabricou" o mundo no qual os seres humanos moldam e esculpem os seus *Lebenswelte* ao categorizar, classificar, preencher, separar, selecionar as diferenças que fazem a diferença. Só posso repetir a frase de Heidegger de que *alles Sein ist "ursprünglich" Mitsein*. Dizer "humano" implica "sociedade".

Todos os fatos que "provam" que "Hobbes estava certo" tiveram de ser, na medida em que foram humanos, também fatos societários.

Como é possível, nesse caso, separar o "pré-social" do "social"? Será que os croatas e os sérvios e muçulmanos da Bósnia e os albaneses do Kosovo – que por muitos anos viveram lado a lado, viajaram nos mesmos bondes, trabalharam nas mesmas bancadas, dançaram nas mesmas festas de aldeia e casaram entre si – de repente começaram a cortar as gargantas uns dos outros porque a sociedade desaparecera com sua memória e todos os hábitos que ela tanto se empenhara em implantar? Ou porque outras sociedades suplantaram aquela que perdeu o controle e entrou em colapso? Nunca "ficamos por nossa conta". (Se, de qualquer modo, houvesse seres "deixados por sua conta", eles não conseguiriam ter consciência disso e tampouco articular sua condição.)

Norman Cohn, o grande historiador da crueldade europeia, não encontrou um só caso de pogrom que fosse realmente espontâneo, ou seja, desprovido de plano e organização, sem líderes, sem uma profunda "mobilização ideológica" e estrutura de comando. Não, a história não prova que "Hobbes estava certo", e, mais do que isso, nunca haverá como prová-lo (ou, quanto a isso, negá-lo).

Ademais, o postulado de Levinas sobre o status pré-ontológico da ética não é comparável à ficção do "homem pré-social" de Hobbes, e por isso não compete com a imagem hobbesiana. A tese de Levinas não é, como a de Hobbes, um *mito etiológico*, uma história de "como o Estado e sua autoridade vieram a nascer", nem uma *defesa* do tipo "sem eles o dilúvio" em favor dos poderes constituídos. A tese de Levinas é uma proposição fenomenológica, um insight sobre o senso de "ser moral" com *epoché* aplicado: excluir, suspender tudo que sabemos da bondade ou maldade humanas tal como se manifestam na única condição em que nós encontramos os seres humanos – em condições sociais. Mostrei antes por que não é prudente deduzir os conteúdos da responsabilidade moral a partir dos formatos extravagantes e divergentes que as diversas sociedades imprimiram sobre ela (Montaigne já dizia isso, e de uma forma que deixou pouca margem a dúvida). Mas em lugar algum nos textos de Levinas você vai encontrar a ficção do "homem pré-social", ou, quanto a isso, a ideia bastante tola de um "estado pré-social da humanidade".

Assim, seria pior sem a modernidade? Não sei. O que sei é que seríamos *diferentes*. Cada tipo de sociedade legitima algumas variedades do mal, e, com toda a probabilidade, "sem modernidade" estaríamos cegos às atrocidades que agora provocam nossa repulsa. Ainda teremos de esperar por um inventário das atrocidades que a modernidade, por sua vez, nos impede de ver.

K.T.: A ética levinasiana enfatiza a relação entre o eu e o tu. É responsabilidade do eu tratar o outro como um tu, como sujeito, e não como objeto. Será que essa tese solapa inteiramente o projeto do pensamento social? Buber considerava que entre o eu e o tu está todo o mundo do isso, em que o outro não é abordado como sujeito de sua própria liberdade, mas como membro de uma categoria que só pode ser tratada de uma forma que é, acreditamos, necessária e inevitável. O isso, assim como toda e qualquer coisa que transforme o outro em isso, se torna um obstáculo no caminho que leva ao reconhecimento da responsabilidade ética. O isso transforma-se, num sentido muito real, no oposto da possibilidade do ético.

Ora, será que isso não significa que a análise social está inclinada, pela lógica dos pressupostos dessa posição, a identificar todas as instituições e os arranjos sociais como produtores ou produtos do isso? Não estamos de volta a uma dicotomia em que a sociedade se torna necessariamente a única chance da responsabilidade? Isso não significa que sociedade e ética devem, no final, ser identificadas como coisas distintas?

Z.B.: Com toda a certeza, você tocou num ponto sensível e doloroso de todo projeto de correção, inspirado em Levinas, do propósito e da estratégia do pensamento social. Mas eu não me preocuparia tanto com a possibilidade de ele "solapar inteiramente o projeto do pensamento social". Tenho certeza de que sobreviveremos a esse desafio, e espero que venhamos a emergir dele rejuvenescidos e também revigorados como mais conscientes e, acima de tudo (o que é mais importante), mais alertas às dores e misérias dos outros seres humanos.

A preocupação que compartilho totalmente com você, em meu ponto de vista, parte do vigor da visão de Levinas, e não de suas fraquezas. Quanto mais considero convincente a visão dele de moralidade, mais tomo consciência do poder dos obstáculos acumulados sobre o caminho que leva a uma "sociedade moral", a um mundo hospitaleiro às tendências e aos impulsos morais, e, acima de tudo, que desaprove a si mesmo por não ser suficientemente hospitaleiro. Há um artigo publicado no periódico *Philosophy Today*, no qual apresentei essas preocupações, a que dei o título de "O mundo inóspito a Levinas".[1]

Como você sabe, Levinas não dá uma resposta consistente e muito menos convincente à questão de como se pode construir um mundo moral a partir do "partido moral de dois", e de como o "ser para" característico desse partido pode sobreviver (ou ajustar-se) à aparição do terceiro, ou seja, à instauração da sociedade. A consciência sociológica não se destaca entre as muitas virtudes de Levinas. Ele é um nominalista de coração, e, em seu pensamento, a "totalidade" nunca é "maior que a soma de suas partes". Suspeito que ele visualize a "sociedade moral" como algo não maior, mas também não menor, que uma concentração de selves morais. Assim, ele não dá muito destaque à convicção de que sociedade e ética não são distintas, e de que a ética é convocada e habilitada para se situar acima da sociedade, como sua supervisora e juíza severa.

Suspeito que o problema de estender os insights e impulsos morais à sociedade como um todo (e, o que é mais importante, à complexa rede de suas instituições) seja uma questão de *política*, não de moral (daí eu perceber minha posterior guinada para o exame da política como um complemento à ética de Levinas, e não como um abandono dela). Embora, se não fôssemos "seres morais" correspondendo à descrição de Levinas, dificilmente apresentaríamos isso como um problema, e decerto não nos preocuparíamos com sua solução.

Permita-me usar uma vez mais minha metáfora favorita, à qual recorro sempre que preciso tornar inteligível essa confusa mistura da indispensabilidade da moral para a articulação da tarefa com sua incapacidade de realizá-lo. Ao contrário dos narcisos, nós temos pernas, e assim conseguimos nos mover. Sendo, além disso, abençoados com a linguagem, podemos cunhar a ideia de mobilidade, a qual jamais ocorreria ao mais brilhante dos narcisos. A ideia de mobilidade não seria suficiente, dada a limitada capacidade de nossas pernas, para nos levar, digamos, a Roma ou a Nova York (nem, a não ser pelos poucos de nós dotados de melhor forma e excepcionalmente valentes, de Leeds a Portsmouth). O que a ideia pode fazer (e tem feito!) é inspirar-nos a buscar, descobrir ou inventar "extensões de nossas pernas" como estradas de ferro, barcos ou aviões.

Não é assim com a moral, um atributo humano, da mesma forma que andar sobre duas pernas? Podemos encontrar os equivalentes éticos de trilhos, navios e jatos, e, dado o fato de sermos dotados de uma consciência moral, é improvável que venhamos a parar de buscar. A questão é como traduzir a intuição moral que germina no núcleo duro do *oikos*, dentro do "partido moral de dois", na linguagem da *ecclesia*, e como "incorporar" a tradução, uma vez realizada. Foi essa consideração que me estimulou a focalizar a ágora, o ambiente familiar da tradução. A vigorosa ágora, consciente de sua tarefa e determinada a realizá-la, parece ser a chave para toda essa questão. Uma ágora como essa, infelizmente, é aquilo de que nossa sociedade mais visivelmente - e mais desastrosamente - carece.

K.T.: Temos discutido a dimensão ética em seu trabalho até 1998. Em seus livros *Globalização*, *Work, Consumerism and the New Poor* e *Modernidade líquida*, a dimensão ética esteve presente como uma discussão sobre a justiça. Você poderia se estender um pouco sobre o significado de justiça e sobre como essa ideia (seria uma utopia?) pode ser a base de uma crítica ética do presente?

Z.B.: Creio que "justiça" é a tradução de "responsabilidade por", ou *Fürsein*, na linguagem da sociedade. A justiça entra nas preocupações éticas no momento em que aparece o terceiro, e com a necessidade de comparar os graus da miséria e estabelecer as prioridades que esse surgimento assinala, mas que nunca é ocasionada no interior do "partido moral de dois". Creio que uma "sociedade moral", antes de tudo, é uma sociedade *justa*.

Mas como seria essa "sociedade justa"? A única resposta que eu poderia oferecer de boa consciência é: uma "sociedade justa" é aquela que pensa não ser justa o *bastante*, que questiona a suficiência dos níveis de justiça alcançados, sejam eles quais forem, e considera que a justiça está sempre pelo menos um passo adiante. Acima de tudo, é uma sociedade que reage raivosamente a qualquer caso de *injustiça* e desde logo procura corrigi-la.

Devo a Barrington Moore Jr. a ideia de que, em si mesma, a "justiça" não tem significado específico, de que ela só "faz sentido" como protesto contra a *in*justiça. A injustiça é específica, tangível, óbvia, embora certamente não incontestável. Numa sociedade mais "sólida" que a nossa, numa sociedade em que as formas de vida durem o suficiente para implantar padrões e sedimentar hábitos e rotinas, o que se percebe como "injusto" é afastar-se dos modos tornados habituais.

Moore mostrou que os servos feudais não se preocupavam muito com a atrocidade da exploração a que se submetiam cotidianamente, mas pegavam em armas no momento em que o parafuso era apertado um pouco mais: algumas horas extras de corveia significavam muito e desencadeavam mais fúria e resistência que cinco dias de serviço nos campos do senhor. O capitalismo moderno apagou muitas distinções, incluindo aquela entre miséria legítima e ilegítima, e as enviou à bolsa de valores do poder "para encontrarem seu nível adequado".

A situação já não era tão definida como na época que Moore pesquisou. E, no entanto, na era do capitalismo "hardware" e da modernidade "sólida", os padrões pelos quais a justiça podia ser mensurada eram incomparavelmente mais estabelecidos e tinham uma expectativa de vida mais longa que em nossa época de capitalismo "software" e modernidade "líquida". Por muitos anos, por exemplo, grande parte da luta pela retificação da injustiça foi conduzida em defesa dos diferenciais de salário.

Em nossa época, o conceito de injustiça é mais ardorosamente contestado que em qualquer outro período da história. Todo dia ele estimula escaramuças de reconhecimento e guerras de identificação em frentes sempre novas. Nenhuma iniquidade tende a ser aceita por muito tempo como "parte da vida" e admitida com resignação e placidez. Por substituição, também, a ideia de justiça se tornou mais nebulosa que nunca, e, dado o ritmo alucinante com que padrões em aparência incontroversos são reapresentados como manifestações de injustiça e iniquidade, poucas pessoas arriscariam a se comprometer com projetos de "sociedade justa", no sentido de uma sociedade que esteja profundamente expurgada das antigas injustiças e que não faça nascer nenhuma outra.

Esse é um aspecto da emergente "modernidade líquida" que confere à moral bases para a esperança. Em quantidade crescente, formas de miséria humana são reclassificadas de "necessárias" para "supranumerárias" e excessivas, e todos ficamos cada vez mais impacientes com tudo aquilo que assim é classificado. Significaria isso que estamos nos aproximando do estado de "justiça final"? Deixando de lado o tormentoso problema da incapacidade endêmica de qualquer forma histórica de sociedade de imaginar possibilidades de uma vida mais humana que ultrapassem o horizonte estabelecido pelas preocupações vivenciadas *no presente*, permanece a dúvida: as negociações por uma vida melhor poderão algum dia, *em princípio*, alcançar seu ponto final e se declarar concluídas?

A justiça de hoje tende a ser a injustiça de amanhã, e esse caráter de "até segunda ordem" tende a marcar cada uma de suas manifestações. Uma sociedade justa, tal como a entendo (ou seja, uma sociedade perpetuamente vigilante em relação à injustiça e jamais segura de que seus arranjos são justos o bastante) deveria buscar a melhor garantia de continuar justa na controvérsia e multivocalidade permanentes, e não no consenso factual ou putativo.

A "justiça", para concluir, só pode ser descrita em termos processuais, não em termos estáticos. A justiça é o horizonte que uma sociedade justa tenta alcançar, um horizonte que se afasta a cada passo que essa sociedade dá. Insistir em dar esses passos e não afrouxar nessa insistência, aconteça o que acontecer, é o que torna justa uma sociedade.

K.T.: Será que a justiça exigida em condições de globalização e em face dos novos pobres é a mesma que foi defendida pelo socialismo clássico? Será que diferentes condições implicam diferentes formas de justiça, ou será a humilhação um estado invariável que sempre faz as mesmas exigências, independentemente de tempo e lugar?

Z.B.: Sim e não. A humilhação é um "estado invariável". É invariavelmente odiosa, revoltante e deplorável, embora diferentes pessoas possam ser humilhadas por motivos diversos, e embora em diferentes épocas nossa sensibilidade se concentre em tipos diversos de humilhação, embora sempre seletivas. Eu diria que, como regra, em qualquer sociedade e em qualquer época, existe mais humilhação do que essa sociedade consegue perceber, mais ainda do que admite, e muito mais do que resolve aliviar ou corrigir. Essa é a principal razão pela qual a justiça é sempre algo a atingir, à frente de tudo que façamos pelo bem-estar e a dignidade humanos. Condições consideradas contrárias à dignidade humana foram sofridas em silêncio por muitos e contornadas com equanimidade ou sem serem notadas por outros.

A questão do "progresso moral" é reconhecidamente traiçoeira, mas me parece que, se quisermos de algum modo mensurá-lo, não devemos considerar o "volume de humilhação" – o tamanho das categorias sofredoras e a execrabilidade da humilhação que elas sofrem. Essas coisas são difíceis de avaliar "objetivamente", já que os cálculos registram nem tanto a quantidade e profundidade da dor que se sofre, mas a recusa dos sofredores em aceitar sua dor como inevitável e a concordância dos demais em aceitar essa recusa como legítima. De modo paradoxal, é o clamor público – quanto mais generalizado e rumoroso melhor –, um alarme que poderia ser facilmente tomado por sintoma de injustiça crescente, que assinala um relevante passo à frente no rumo da justiça.

A sensibilidade pública à humilhação – e o protesto público contra ela – é, como regra, seletiva. Em qualquer momento dado, são certos tipos de humilhação a certas categorias de pessoas que causam clamores e incitam à ação, enquanto outros tipos não são admitidos como problemas que pedem solução, ou são considerados sofrimentos que não podem ser curados nem evitados "a partir de fora", já que são autoinfligidos.

Ouvimos falar muito a respeito da tendência predominante de pensar sobre realidades sociais mudando o foco de "classe" para "cultura". Parece-me que a mudança que realmente ocorreu foi conceptualizada de modo errado nessa fórmula. Notável, hoje, é a tendência a reclassificar as divisões, humilhações e indignidades de classe causadas pelo jogo de "mercado e propriedade" endêmico à cultura capitalista como "fatos da natureza" sobre os quais os seres humanos, coletivamente, nada podem fazer além de aceitar e obedecer (mediante as "leis do mercado" que vieram a substituir as "leis da história"). Enquanto isso, o alerta moral do público é redirecionado para se concentrar nas "reivindicações de reconhecimento" de grupos e categorias dotados de recursos suficientes para escolher seu modo de vida e exigir sua aceitação.

A pobreza, em particular, essa classe de fenômeno *tout court*, é redefinida como uma dor autoinfligida que as tentativas de alívio socialmente empreendidas só podem exacerbar (tal como o fazem de forma inevitável as tolas tentativas de corrigir as leis da natureza). Os pobres estiveram presentes em todas as sociedades conhecidas, mas os de hoje talvez tenham mais problemas que os de ontem, já que, pela primeira vez na história, não têm função social a desempenhar, e por isso são excluídos do esquema dos negócios compreendidos pela ação social e estão além dos limites das tarefas sociais e das ambições societárias.

Em outras palavras, a perpetuação da pobreza não mais ofende os sentimentos de justiça; a luta por justiça vai para outras frentes de batalha sem jamais ultrapassar o território disputado por *free-choosers* mais bem armados, mais determinados e dotados de melhores recursos. A luta por justiça pode muito bem tornar-se um "assunto de família" dos abastados e bem-sucedidos; uma vez mais, os pobres devem ser expropriados - agora de sua parcela no espólio de uma guerra por justiça.

Você tomou globalização como um desenvolvimento que pode exigir certo repensar sobre a questão da justiça. Você está certo. Os efeitos globais de ações locais pressupõem responsabilidades morais numa escala jamais enfrentada, que dirá suportada. Algumas décadas atrás, Hans Jonas apontou para a crescente discrepância entre a escala temporal e espacial, em rápida expansão, das consequências das ações *high-tech* e o âmbito da imaginação e da sensibilidade morais. (Poder-se-ia supor que é essa discrepância que os sociólogos tentam articular em vão quando diluem a devastação perpetrada pelas forças globais descontroladas e livremente flutuantes na categoria generalística das "consequências imprevistas da ação humana".) O princípio da justiça exige responsabilidade pelas consequências que as ações de alguém possam ter sobre a situação de outros, e poder global exige responsabilidade global. Esta última, porém, chega lentamente, e, ao ser acordada, se vê impotente na ausência de agências efetivas capazes de agir em seu favor.

A fração de nossos rendimentos que estamos preparados (e os governos que elegemos estão dispostos) para repartir com os povos distantes empobrecidos e privados de meios de subsistência - em consequência de nossa busca global de riqueza - é muito pequena; mesmo comparada à fração reconhecidamente inadequada do produto nacional destinada à redistribuição entre as vítimas do "crescimento econômico" no interior de nossas sociedades. A quantia dedicada até agora à reconstrução de um Kosovo devastado pelos bombardeiros da Otan é igual ao custo de um dia da campanha de bombardeio.

Essas são as medidas, se é que se precisa de alguma, do "lapso de tempo" da imaginação moral na era da globalização, e do grau de "globalidade" das responsabilidades morais que nossas sociedades estão preparadas para assumir. Creio que "ficar em dia" com os poderes econômicos em rápido processo de globalização constitui hoje, para as instituições políticas de controle democrático, o principal desafio aos padrões de justiça e moralidade – um passo sucessivo na guerra incessante pela humanidade da condição humana.

K.T.: O que você considera as implicações práticas, cotidianas, dos tipos de compromisso ético que são tão importantes para o nosso trabalho?

Z.B.: Poucos de nós somos santos, e exigir que todos nós o sejamos, e diariamente, não parece ser realista nem, nesse sentido, moralmente louvável. A maioria de nós está moralmente desperta, a maior parte do tempo, para pequenas questões. Ajudaríamos um doente a atravessar uma rua movimentada, correríamos para ajudar um ferido, abriríamos a carteira diante de cenas chocantes de vítimas da fome ou de um terremoto. Felizmente, um *experimentum crucis* não é uma ocorrência diária, e poucas vezes nossa consciência moral é colocada diante de um grave teste em que se exige autossacrifício genuíno em favor de outros que não têm nem sua miséria para reivindicar nossa generosidade, que nada têm a oferecer em troca.

A densa rede de estratagemas e expedientes convencionais chamada "sociedade" garante que essa continue a ser uma regra de nossa vida cotidiana. O problema, porém, é "manter seca a pólvora", acumular e preservar suprimentos suficientes de sensibilidade moral a que talvez precisemos recorrer na hora de nosso teste crítico. Para ser suficiente, a sensibilidade moral deve ser excessiva. Ela deve "ultrapassar" o que vemos como necessidades diárias, "comuns", de modo a que sempre novas formas de miséria possam ser percebidas como casos vergonhosos e intoleráveis de indignidade e humilhação, e tratadas como tal. A sensibilidade moral nunca é suficiente, e seu cultivo é condição preliminar para a "sociedade justa", ao menos pela definição antes sugerida.

Essa é a principal razão para nos preocuparmos. Se o "partido moral de dois" é a estufa dos sentimentos morais, se é nesse partido que a arte de "assumir responsabilidade por nossa responsabilidade" é aprendida, vivenciada, testada e exercitada, então a capacidade de justiça da sociedade depende em grande medida da qualidade dos "relacionamentos amorosos" que sua cultura cultiva.

Em seu belo livro *A arte de amar*, Erich Fromm assinalou que, numa cultura em que são raras as qualidades da "humildade, coragem, fé e disciplina verdadeiras", "o alcance da capacidade de amar deve permanecer uma conquista rara". Ele então sugeriu que essa raridade é de fato a ruína da sociedade em que vivemos. Se "o capitalismo moderno precisa de homens que ... consumam mais e mais", se "a felicidade do homem consiste hoje em 'divertir-se'", se "o mundo é um grande objeto para nosso apetite, uma grande maçã, uma grande garrafa, um grande seio", e nós somos "os sugadores, os eternamente em expectativa, os esperançosos e os eternamente decepcionados", então, "enquanto todo mundo tenta estar tão perto dos outros quanto possível, todos permanecem extremamente sós, invadidos pelo sentimento profundo de insegurança, ansiedade e culpa que sempre ocorre quando a separação humana não pode ser superada". Em suma, são reduzidas as chances de aprender a arte de amar, e assim vir a apreciar o amor como o significado consumado da vida, e ter a expectativa de obter satisfação do amor como uma dádiva, e não como um ganho.

Lamento que nem todos nós, inclusive eu, sejamos santos. A moral pode não ser suficiente para a santidade. Mas estou profundamente preocupado com o fato de que o amor pode estar a caminho de se tornar uma arte esquecida e raras vezes praticada. Sem essa arte, há pouca esperança para a moral, e menos ainda para uma sociedade justa.

· Diálogo 3 ·

A ambivalência da modernidade

KEITH TESTER: Para você, qual o motivo da emergência do debate sobre modernidade e pós-modernidade de meados para o final da década de 1980? Seria produto de alguma crise no pensamento social motivada pela hegemonia do livre mercado, ou sinal de que nem tudo estava bem no que se refere à antiga fé sociológica no socialismo e na transformação social? Você acha que o debate surgiu em função de mudanças significativas na natureza da beleza e da humilhação no mundo, ou como fulgurante ilustração do fenômeno do complexo de Colombo? De repente, os pensadores sociais ficaram cansados de seus velhos debates e começaram a olhar com inveja para o que imaginavam ser a grama mais verde do outro lado da cerca, nos jardins dos artistas, e assim por diante?

ZYGMUNT BAUMAN: Não creio que haja regras a serem seguidas pela *criação* de novos conceitos, mas suspeito que sua *aceitação* – em particular sua aceitação generalizada, e acima de tudo uma aceitação ampla e freneticamente entusiástica – está sem dúvida sujeita a regras. Os novos conceitos são procurados com avidez e recebidos com satisfação quando cresce o sentimento de que as realidades que os conceitos antes usados representavam e assinalavam se alteraram e continuarão se alterando de modo tão profundo que uma nova rubrica se tornará necessária: que os velhos conceitos se referem a aspectos das realidades que deixaram de ser fundamentais e oferecem um eixo em torno do qual a experiência atual não gira mais.

Poderíamos pegar a deixa de Thomas Kuhn e falar do desejo de uma "mudança de paradigma" se a sociologia fosse como a ciência natural, em que os objetos do processamento científico são atemporais em comparação às maneiras de estudá-los; e são sobretudo as atividades dinâmicas dos estudiosos que se tornam "anomalias", em quantidade cada vez maior, mais cedo ou mais tarde atingindo um "volume crítico". Em nossa profissão sociológica, contudo, os objetos tendem a ser muito mais dinâmicos que nossos esforços para apreendê-los, daí as redes conceptuais que tecemos para esse fim.

Creio que na década de 1980 eu não estava só na busca desesperada de um novo arcabouço cognitivo ao qual a imagem que tínhamos do mundo compartilhado com os outros seres humanos se ajustasse melhor do que àquele oferecido pelo "consenso ortodoxo". A prodigalidade no uso do prefixo "pós", marca evidente daquele período, atestava o estado de "nem um nem outro" da razão sociológica: a maioria de nós sentia que alguma coisa fundamental para as imagens existentes havia sido deixada para trás ou caído do barco, mas não estávamos nem de longe prontos para apontar com algum grau de confiança o que viria substituí-la. Esse pode ser um traço característico do pensamento moderno: o fato de que ele só pode apreender a natureza do presente naquilo que difere do que se presume ter sido seu passado, embora a forma tipicamente moderna de "falsa consciência" seja buscar a definição do presente em tendências que em tese apontam para o futuro.

"Pós-modernidade" era um desses conceitos possíveis. Impunha-se, era intuitivamente desejado e desesperadamente procurado. Parece-me mais apropriado que os outros "pós" então em oferta, já que envolvia tanto o mundo em mudança quanto seu reflexo sobre a experiência humana; permitia focalizar as transformações em curso que afetaram o modo como, durante a era moderna, a razão sociológica foi situada nas realidades sociais; e também sobre a natureza das estratégias que podiam ser seguidas com utilidade no pensamento sociológico.

Meu livro *Legisladores e intérpretes* foi uma tentativa de captar a interconexão entre a transformação social e seu reflexo intelectual, ligados pela localização variável daqueles que faziam a reflexão ou buscavam articular e sistematizar suas intuições.

A categoria das pessoas que depois (na verdade, muito depois em sua história coletiva) seriam chamadas "intelectuais", pessoas engajadas do ponto de vista profissional no empreendimento da reflexão voltada a "fazer sentido" (qualquer que seja a distinção hoje empregada entre "senso" e "contrassenso"), foi, desde o início da era moderna, colocada no papel de legisladores. Esse papel estava perfeitamente sintonizado com o *Zeitgeist* da vida moderna. "Ser moderno" significa estar em estado de perpétua modernização: a modernidade é, por assim dizer, a era de "novos começos", e de "novos começos" eternamente novos, do desmantelamento de velhas estruturas e da construção de outras a partir do zero.

Há uma tendência a falar em retrospecto do "projeto de modernidade": não tenho certeza de ter havido tal projeto, *o* projeto *da modernidade*, mas creio que o que separa a era moderna de outros períodos é a obsessão por planejar e realizar projetos, a tendência a subordinar o presente – cada presente sucessivo – ao projeto que se está por realizar. O "projeto inacabado" de Habermas é uma definição da modernidade em si. Tudo isso começou, afinal, a partir da vitória dos "modernos" em sua *querelle* com os "antigos", que insistiam em afirmar que a humanidade havia atingido o pico de sua glória muito tempo antes, e que o melhor a fazer agora seria igualar as realizações do passado da melhor maneira possível.

Os projetos podiam ser muitos, e foram, e continuaram mudando bem antes de chegar perto da conclusão. Mas dificilmente houve algum momento sem projeto algum, ou melhor, sem projetos concorrentes. Podia-se contestar cada projeto, mas nunca a *necessidade de projetos*. A modernidade decolou assim que o *Ancien Régime* – aquela ordem capaz de se autorreproduzir, e que o fazia de maneira irrefletida e portanto inconsciente de ser um problema e uma tarefa, de ser uma "ordem" – desmoronou, e uma premissa subjacente a todas as obras da modernidade era o axioma "depois de nós, o dilúvio": as coisas não podem ser deixadas por sua própria conta, senão ocorrerá um desastre (o caos, *bellum omnium contra omnes*, a lei da selva).

A prancheta de desenho é uma geringonça sem a qual a modernidade não poderia existir; e a profissão de projetista, de produtor de projetos, é a mais estabelecida das vocações modernas, tendo emergido intacta de toda e qualquer mudança de moda e de estilo. A sociedade moderna tinha uma sede insaciável de normas legislativas, definidoras, que estabelecessem padrões de beleza, bondade, verdade, propriedade, utilidade e felicidade. Provavelmente ajudou a manter constante essa atividade o fato de que todos esses padrões foram fixados no futuro, essa condição inexistente (a "alteridade absoluta", como assinalou Levinas) que não pode ser empiricamente examinada e, portanto, jamais fornecerá as bases para que se prove ou refute qualquer afirmação.

Nessas circunstâncias, o trabalho "legislativo" das "classes pensantes" era evidente. Dentre elas, os sociólogos (ou melhor, as pessoas dotadas de uma inclinação sociológica) buscavam legislar por legislar: pelas estruturas de poder capazes de legislar e de fazê-lo de maneira efetiva, ou seja, garantindo que as leis, uma vez instituídas, seriam obedecidas. Para os pensadores sociais, a "sociedade" era uma abreviatura de "Estado-nação", essa agência ao mesmo tempo política (Estado) e cultural (nação). Com a ajuda dessa agência e de seus poderes legislativos, a sociedade realmente existente poderia, gradual mas resolutamente, se adequar aos padrões rigorosos da "boa sociedade": uma sociedade justa, guiada pela razão, um ambiente para a humanidade segura e feliz – uma sociedade "perfeita", no sentido de que não seria possível nem necessária qualquer outra mudança para aperfeiçoá-la.

O colapso dessa agência que sugeriu, ao contrário da crença estabelecida, que a modernidade, afinal, podia ser ela mesma um fenômeno histórico, e não o estágio final da história; que a modernidade pode ter um "fim", que existe um "pós" *depois* da aventura moderna - uma ideia como esta dificilmente teria ocorrido às "classes pensantes", não fora pela visão de que o Estado abandonara, uma depois da outra, suas ambições de promover a "sociedade perfeita planejada"; que o Estado cedera suas funções às forças "cegas" da competição, reconhecidamente caóticas, desreguladas ou sub-reguladas; que o Estado avidamente desregulador promovia ativamente, em vez de enfrentá-la, a "flexibilidade", como passaram a ser denominadas as forças antes temidas e detestadas da aleatoriedade, da contingência e do caos. O resultado indesejado, porém inevitável, da desregulamentação e do abandono das ambições de gerenciamento foi a reabilitação da desordem, esse inimigo público número um que por alguns séculos estimulou as classes governantes, assim como as pensantes, a agir.

Schumpeter não seria capaz de prognosticar a sobrevivência da ordem capitalista moderna. O capitalismo, acreditava ele, seria cedo ou tarde sufocado pela rígida hierarquia do comando burocrático. O futuro iria impor mais e mais planejamento, mais e mais gerenciamento; a sociedade do futuro, fosse o que fosse, seria uma sociedade *administrada*. Essa era a crença "além da esquerda e da direita", dificilmente questionada até por aqueles membros das "classes pensantes" como Adorno ou Arendt, que não gostavam dessa previsão e detestavam o que viam como "tendência totalitária"; ou que, como Lukacs, proclamavam que "a totalidade é falsa".

Essas expectativas foram desmentidas na era da "desregulamentação". Cedendo suas tarefas ao mercado, o Estado deu o rumo, e a tendência a abandonar as responsabilidades gerenciais penetra todos os setores da vida social, todo o ambiente de vida. Parece que a burocracia - que Weber tinha toda a razão de projetar como a encarnação da modernidade e de sua racionalidade endêmica – já teve o seu momento, da mesma forma que as ambições totalitárias, as "garras de ferro", as hierarquias de comando inflexíveis e as técnicas pan-ópticas de dominação.

Desde o início, só se conheceu uma forma de modernidade: a modernidade "gerencial", que planejava e administrava a ordem. Não admira que, à luz da nova experiência, a ideia de uma modernidade interrompida parecesse incrível, e anunciou-se o advento da *pós*-modernidade, a era em que as obras da modernidade seriam desmontadas, e o "projeto da modernidade", abandonado.

Essa partícula "pós" presente no conceito de "pós-modernidade" me pareceu suspeita desde o início. Seria possível assumir que o recuo das ambições de "planejamento da ordem total" e o colapso da agência capaz de realizar tais ambições significassem o "fim da modernidade"? A modernidade não representa a *modernização* incessante e obsessiva, a necessidade de Carroll, de "correr mais depressa para ficar no mesmo lugar", mais que o destino particular do corredor e o método de permanecer na pista? O destino da modernidade estaria ligado a uma forma histórica, ou seriam a rejeição dessa forma e o embarque, uma vez mais, um "novo começo", um sinal de saúde e vigor da modernidade?

A notícia da morte da modernidade, em outras palavras, foi amplamente exagerada. Pareceu-me que a "perspectiva da pós-modernidade" – que permitiu esquadrinhar as falhas da modernidade e desmascarar muitas de suas proezas como becos sem saída –, longe de se opor à modernidade ou grassar sobre seu túmulo, teve desde o início seu indispensável alter ego: aquela voz inquieta, perpetuamente discordante, que permitiu à modernidade ter sucesso em seu engajamento crítico com a realidade descoberta e com as muitas realidades sedimentadas por esse engajamento. Gostei do chiste de Lyotard: não se pode ser realmente moderno sem antes ser pós-moderno.

A "era da pós-modernidade" é para mim aquela em que a postura pós-moderna veio a se conhecer, e "conhecer-se" significa perceber que o trabalho crítico não tem limites e não poderia jamais alcançar seu ponto terminal; que, em outras palavras, o "projeto da modernidade" não está apenas "inacabado", mas é *inacabável*, e que essa "inacababilidade" constitui a essência da era moderna.

Como você sabe, tentei expressar essa ideia quando defini a pós-modernidade como "a modernidade menos suas ilusões". Não que as ilusões tenham acabado de uma vez por todas. Imagino em que grau a infatigável proliferação dos projetos modernos depende da teimosia, das recorrentes ressurreições e sucessivas reencarnações das ilusões da "última palavra", do "agora com toda a certeza". Toda vez que se acena com uma nova tecnologia destinada a deter, subjugar e organizar a recalcitrante e confusa realidade, ouvem-se profecias proclamando as "soluções derradeiras". A de Sloterdijk é o exemplo mais recente.

K.T.: Mas o que é exatamente a modernidade? Será a teoria e a prática dos seres humanos que constroem a sociedade por si mesmos, sem olhar por sobre os ombros, em busca de um conselho sobrenatural? Será o princípio de que somos "autossuficientes"?

Z.B.: Sim, de fato. Concordo. Mas eu acrescentaria que houve uma mistura de "podemos" com "devemos" nessa crença na autossuficiência. Só podemos ser autossuficientes *porque* fomos abandonados à nossa própria astúcia e a nossos próprios e escassos recursos. Michael Allen Gillespie publicou recentemente um esplêndido estudo mostrando o vínculo direto entre o Deus franciscano/nominalista como um Ser Supremo voluntarioso, onipotente e, por esse motivo, incognoscível, e a "autoconfiança por necessidade" que levou ao ímpeto espetacular da criatividade moderna. O Deus dos Fraticelli ou de Ockham era, na descrição de Gillespie, caprichoso, "temível em seu poder, incognoscível, imprevisível, incontrolado pela natureza e pela razão, e indiferente ao bem e ao mal". Com um Deus, para todos os fins e propósitos práticos, *absconditus* – afastado das preocupações cotidianas dos seres humanos e invisível –, querer esquadrinhar seus veredictos não faria muito sentido. Só restaria tentar compor a própria vida da forma melhor e mais decente que se conseguisse.

"A ciência não precisa levar Deus ou as Escrituras em consideração nos seus esforços para chegar a um acordo com o mundo natural" – mas, permita-me acrescentar, a alternativa seria pura perda de tempo. A liberdade em relação à interferência direta de Deus evocava mais um destino sinistro que a vitória do homem. Deus criou os seres humanos para reforçar sua própria existência, para autocriar-se. Seus poderes e engenhosidade podem ser insuficientes para realizar essa tarefa a contento, porém, nada mais há a fazer senão tentar. O Renascimento pôde celebrar os poderes de autocriação recém-descobertos, mas nesse regozijo havia uma sólida dose de resignação do tipo "não existe alternativa". "Tal como o Deus que o criou, esse homem é um artesão, mas um artesão cuja maior obra de arte é ele mesmo." Fosse o artesão inexperiente, não haveria qualquer "ele mesmo". Na condição humana, a liberdade de escolha não é algo que se possa escolher.

Em outras palavras, o que o Criador determinou foi a indeterminação humana, não a autossuficiência. Esta ainda teria de ser alcançada, e alcançá-la, seja isso plausível ou não, viável ou não, tende a continuar sendo a "essência" do "ser humano no mundo". Pode-se dizer que a modernidade é um longo e contínuo esforço para chegar a essa autossuficiência. Alain Peyrefitte sugeriu que, por trás da surpreendente dinâmica das formas e estruturas da vida moderna, estava a *crença*: em seus próprios poderes, na conduta dos outros (Giddens usaria aqui o conceito de "confiança", a expectativa de que, na maior parte do tempo e na maioria das circunstâncias, os outros evitariam quebrar as regras que se espera que sigam); e a confiança nas instituições – em sua solidez, longevidade, confiabilidade e capacidade de realização.

Hoje, todos os três pilares da crença parecem trêmulos e vacilantes. Minha impressão é que a falta de firmeza dos dois primeiros é um pós-efeito da dilapidação do terceiro, da crença institucional. Penso que em vez de falar de três pilares ou três dimensões deveríamos visualizar as relações entre os três tipos de crença como aquelas existentes entre um tronco e dois ramos: a crença em si mesmo e nos outros cresce a partir da crença na resistência e perpetuidade das instituições. Apenas instituições sólidas, com uma expectativa de vida muito maior que a dos projetos de vida individuais, podem servir de pontos e estruturas de referência para o planejamento individual e oferecer a dose de certeza ("agarre-se ao presente", diria Bourdieu) sem a qual qualquer planejamento, quanto mais a longo prazo, é inconcebível.

A maior parte da história moderna dedicou-se à construção e manutenção desse arcabouço institucional sólido, estável e duradouro para a ação individual confiante. (Esse era o foco, em última instância, das preocupações modernas com a "ordem".) É esse arcabouço que agora desmorona. Restaram poucas instituições, se é que restou alguma, das quais se possa esperar, com confiança, que durem mais que o necessário para se realizarem planos mais ousados, de longo alcance; muito menos um "projeto para toda a vida", do tipo ainda recomendado poucas décadas atrás por Jean-Paul Sartre; e as novas instituições tendem a nascer com o estigma da transitoriedade e com uma cláusula do tipo "até segunda ordem" em suas certidões de nascimento.

Fica-se tentado a dizer que a "sociedade" agora se afasta do mundo da vida cotidiana, seguindo o exemplo do Deus franciscano/nominalista. Tal como Deus, a "sociedade" – que costumava avultar no *Weltanschauung* humano como o legislador supremo e juiz máximo da propriedade dos atos individuais – parece "caprichosa, temível em seu poder, incognoscível, imprevisível, incontrolada pela natureza e pela razão, e indiferente ao bem e ao mal", apenas um jogador habilidoso e astucioso entre outros, e não um Juiz estrito e imparcial. O colapso da crença na conduta dos outros é o efeito que logo será seguido pelas dúvidas dos selves cada vez mais desorientados em relação a seu próprio poder de planejar e controlar o curso de suas vidas.

K.T.: Sua exposição sobre a modernidade enfatiza o problema da ordem e dos planejamentos reguladores. Por que motivo? Por que você não enfatiza o industrialismo ou o capitalismo? Por que a ordem?

Z.B.: Creio que as preocupações com a ordem, ou com uma sociedade ordeira, administrável, são um denominador comum de outros empreendimentos modernos: industrialismo, capitalismo, democracia. Por meios diferentes buscaram-se os mesmos fins. O desejo de uma ordem produzida pelos seres humanos lubrificou as rodas das três atividades modernas "que tinham como alvo a sociedade". Sua coordenação esteve longe de ser perfeita, os conflitos foram de há muito observados e amplamente registrados, mas as três rotas convergiram num hábitat humano regular, previsível e controlável como seu destino imaginado/desejado.

O que estou dizendo não é apenas "com o benefício de um olhar retrospectivo": se tivéssemos mais tempo para discutir esse assunto, eu mostraria que o desejo de manipular probabilidades e tornar os assuntos humanos regulares e sujeitos ao planejamento e ao controle ocupava um espaço privilegiado no pensamento dos principais advogados e atores do industrialismo, da democracia e, incrivelmente, do capitalismo. (Lembre-se das descobertas de Hirschman: a paixão pelo ganho vista como a arma para domar, neutralizar e tornar inofensivas todas as outras paixões responsabilizadas pela confusão da vida em comum.)

Acho que a modernidade e a *consciência* da artificialidade da ordem social são sinônimas. A obsessão caracteristicamente moderna pela regulação é o resultado dessa consciência. Faz muita diferença tomar a ordem como um veredicto de Deus, da natureza ou da história (de modo mais correto, deixar de perceber a "ordem" como um tema distinto), ou vê-la como uma tarefa a ser urgentemente empreendida e realizada com diligência.

K.T.: Um aspecto que transparece com evidência em seu livro *Modernidade e ambivalência* é o dos efeitos colaterais dos planos e ambições modernos de regulação. Você mostra que os planos de uma ordem perfeita não conduzem a um momento de repouso em que os planejadores possam sentar-se e admirar o mundo perfeito que criaram. Em termos humanos, a imposição da ordem leva à identificação de grupos de pessoas que não se ajustam aos esquemas; e, como estes devem ser aperfeiçoados para enfrentar a desordem e os desordeiros putativos, descobrem-se grupos mais amplos que não se ajustam exatamente ao padrão. Isso significa que alguns grupos acabam identificados como problemas pelos construtores da ordem. Eles também se tornam outsiders do ponto de vista dos planejadores da ordem; tornam-se estranhos que não deveriam estar "aqui" porque não são "como nós". Na modernidade europeia, o grupo arquetípico dos que "não são como nós" foi identificado como os judeus. Em outras palavras, você está dizendo que os esquemas da ordem e da pureza geram ambivalência. Essas são grandes questões, mas você poderia esclarecer seu conceito de ambivalência e explicar precisamente por que, na modernidade europeia, os judeus tenderam a ser identificados como essa presença problemática?

Z.B.: Creio que, com o avanço da era moderna, nossos esforços são cada vez mais orientados para os resultados indesejados dos esforços reguladores do passado. Ivan Illich deu um excelente exemplo dessa regra remontando às origens da medicina moderna, cada vez mais preocupada com antídotos para moléstias causadas por intervenções médicas destinadas a curar outras doenças.

O propósito da regulação é eliminar a ambiguidade situacional e a ambivalência comportamental. A questão, porém, é que o ajuste entre a grade conceitual (a regulação sempre implica dividir e classificar) que serve como esquema da futura realidade ordenada e a "realidade realmente existente" a ser reconstruída à semelhança dessa grade dificilmente é perfeito. Por esse motivo, quase toda medida regulatória traz à luz novas ambiguidades e ambivalências que exigem novas medidas, e a corrida nunca termina. Mary Douglas discorreu lindamente sobre isso em *Pureza e perigo* (embora não chegasse a postular a incompletude endêmica da guerra à ambivalência). Mas você pode encontrar argumento semelhante em Edmund Leach: o trocadilho, a obscenidade, a blasfêmia, tal como outras variedades não linguísticas do tabu, são sintomas do incurável "desajuste" entre o vocabulário, com seus campos semânticos delimitados, e uma realidade nem tão distinta e caprichosamente segmentada. O "tabu", descrito por etnógrafos como manifestação de cabeças supersticiosas, irracionais, quando encontrado em povos distantes (e "inferiores", "culturalmente atrasados"), é de fato o suplemento inevitável do esforço de racionalização.

Seres ambíguos, enviando sinais ambíguos, são como categorias parelhas destinadas a se manter distintas e precisando dessa distinção para preservar a clareza das regras comportamentais. Seres ambíguos são "monstros", ao contrário de outros seres cujo manejo não causa confusão nem hesitação. Não podem ser tratados como os outros, os seres "normais" (ou seja, aqueles que se ajustam perfeitamente a uma, e apenas uma, das classes em que se divide o mundo dos fenômenos).

Em *Modernidade e Holocausto* insinuei que, para o cristianismo, os judeus eram esses monstros: cruzavam a sacrossanta fronteira entre católicos e pagãos, assinalando sua arbitrariedade. Os judeus conseguiam ser as duas coisas ao mesmo tempo: os irmãos mais velhos da cristandade que se tornaram pagãos por escolha ao rejeitar a divina missão de Cristo. Eram diferentes das pessoas "normais", legítimas habitantes do mundo criado como objeto da missão catequética e redentora da Igreja. Como todos os outros monstros, evocavam reações tão ambivalentes quanto a própria ambiguidade que os caracterizava. Eram as mais abjetas e detestáveis das criaturas, mas ao mesmo tempo portadores de poderes assustadores, embora obscuros.

Creio que a atitude endêmica da cristandade foi uma espécie de *allo*ssemitismo (do latim *allus*, "outro"), e não de *anti*ssemitismo: nenhuma norma ordinária podia ser aplicada aos judeus, pois eles eram diferentes de qualquer outro ser humano, deviam ser apartados de todos os demais e submetidos a um tratamento planejado para eles com exclusividade.

A cristandade legou os judeus ao mundo moderno como a encarnação da ambivalência: eram, por assim dizer, feitos sob medida para todas as futuras demandas por parte de alvos encarnados das cruzadas contra a ambivalência em suas novas formas, invocadas pelo ardor regulatório moderno. Na Europa dos príncipes, as redes de parentesco judaicas, cruzando fronteiras, faziam dos "judeus do rei" um ativo precioso toda vez que se precisava de mediadores para resolver disputas dinásticas; na Europa das nações que se seguiu, a mesma "inadequação" dos judeus os transformou em passivos, mas também em ameaça direta às aspirações territoriais dos torrões nacionais, recentes e não muito seguros. Na Europa que pedia aos seres humanos que se definissem pela nacionalidade, judeus e ciganos eram as únicas "nações não nacionais", um borrão espalhado sobre a ordem emergente.

Não foram essas, porém, as únicas portas fechadas no caminho da ordem que os judeus empurraram. Eles haviam sido pré-fabricados como um contêiner *ready-made*, com capacidade suficiente para acomodar qualquer ambivalência que agora esteja na linha de frente. (Documentei esse argumento no livro com maiores detalhes, e não vejo razão para repeti-lo aqui.) No mundo das raças, tal como visualizado por Hitler, os judeus não eram uma "raça à parte". Eram, como sempre, monstros, a única raça que se recusava a "ficar com os seus" e, ao invés disso, se espalhava por todos os lugares pertencentes aos outros. Se os monstros minavam a identidade da espécie, a monstruosa "antirraça" dos judeus pura e simplesmente minava a identidade das raças.

K.T.: Deduz-se, então, que a ambivalência, mais ou menos por definição, implica a humilhação de ser tratado como alguém que "não é como nós", como um "problema a ser superado em nome da ordem", correndo ao lado de certa liberdade e emancipação em relação ao conceito de que "não há alternativa"; portanto, uma apreciação atenuada das possibilidades de criação da beleza? Mas não estou querendo fazer algo tão crasso como a afirmação de que a criação da beleza redime, de certa forma, o sofrimento e a humilhação. Não redime.

Z.B.: Os que lutam contra outros ambíguos são atraídos para a batalha pela perturbadora experiência da ambivalência que eles desejariam claramente reprimir ou esmagar; os situados na extremidade receptora dessa luta são, como num espelho, expostos a pressões contraditórias e atraídos em direções mutuamente opostas.

Uma vez mais, analisei com maior ou menor detalhe essa última condição em *Modernidade e ambivalência*, e não me arriscaria a fazer aqui a simplificação indesejada de um quadro complexo. No livro, focalizei os processos assimilatórios, uma norma na era da construção da nação e do fortalecimento do Estado moderno: os dois processos foram transformados num só com o nacionalismo, avidamente empregado pelos Estados nascentes como as principais formas de extrair o volume desejado de lealdade e obediência. Os incontáveis grupamentos étnicos, linguísticos, culturais e regionais encerrados nas fronteiras do Estado eram convencidos ou forçados voluntariamente a renunciar a suas identidades distintas e fundir-se ao corpo nacional unificado e homogêneo. Se tentassem forçar a mão, e o fizessem com zelo e ardor, se tornariam suspeitos de desonestidade e intenções ignóbeis.

A mitologia nacionalista apresenta a nacionalidade como uma questão de história compartilhada, e o "tronco comum" como uma qualidade que não pode ser livremente escolhida e não é o artigo genuíno, a não ser que traga a marca da "primordialidade". A linha que divide nacionalismo, que exige unidade cultural, e racismo, que proclama a existência de bases naturais para essa unidade, não poderia deixar de ser tênue, e a visão de pessoas "diferentes de nós" afluindo para se juntarem à nação remodelada em Estado deve ter sido preocupante e assustadora para os defensores do mito nacional. Pessoas cujos ancestrais não estavam presentes no mítico e invariavelmente antigo nascimento da nação não tinham direito ao status de membros do grupo; se esse status fosse concedido, seriam minadas as bases da exigência de lealdade inquestionável à herança e ao destino da nação.

O que se pode escolher livremente também pode ser livremente abandonado. O nacionalismo era assombrado por uma contradição endêmica que só poderia resultar em políticas muito ambivalentes em relação aos "outros de dentro", esperando para serem transformados em alvos dessas políticas.

Foram esses alvos, os "outros de dentro", os "de dentro, mas não daqui", que precisaram beber a água do rio da ambivalência. Foram atraídos por uma oferta à qual não poderiam (e muitos não desejariam) resistir, e repelidos pela suspeita e desconfiança dos emissores do convite. Quer rejeitassem ou aceitassem a oferta, o que dissessem e fizessem seria prontamente desqualificado e usado contra eles quando sua conduta estivesse em julgamento. As regras do jogo os colocavam numa posição em que a vitória era impossível, e parecia não haver saída em relação à humilhação – uma humilhação contínua e em grande volume imposta diariamente.

Estar nessa posição significava ser desqualificado, desabilitado do ponto de vista legal e incapacitado da perspectiva cultural. Suas formas de vida próprias tendiam a ser desvalorizadas e desprezadas, enquanto as formas de vida apresentadas como superiores permaneciam torturantemente fora de alcance. O vazio decorrente era um lugar muitíssimo desagradável de viver, mas que também dava a seus habitantes uma chance de enxergar aquilo que os outros, os ocupantes dos lugares mais salubres e seguros, não podiam ou não queriam perceber: identificar a contingência para além dos veredictos inapeláveis do destino, as escolhas humanas para além das necessidades históricas – na verdade, a liquidez da condição humana para além da fina crosta de instituições aparentemente sólidas. A chance não *tinha* de ser aproveitada, mas *podia* e *foi* aproveitada por muitos. O "nem um nem outro" é o lugar certo para, a partir dele, examinar e contemplar a geologia complexa do litoral.

Os tempos de pressão assimilatória parecem ter passado, ao menos em nossa parte do planeta, com os Estados soberanos que buscavam a mobilização ideológica para obter disciplina por meio de dominação e cruzadas culturais, conversões em massa, cronopolítica e reivindicações verossímeis de superioridade cultural. A ambivalência, contudo, não desapareceu da experiência de vida. Para a esmagadora maioria de nós, ela se tornou, em vez disso, o pão de cada dia.

A ambiguidade da condição humana não finge mais ser apenas um infeliz afastamento da normalidade e uma perturbação temporária. A tendência que se tornou comum há pouco tempo, de substituir as estratégias "fágicas" (assimilatórias), generalizadas na época da construção do Estado-nação, pelas "êmicas" (expulsionistas), a tendência à separação forçada, à rejeição dos imigrantes e à limpeza étnica, é uma admissão oblíqua e perversa de que esse é o caso – que a ambivalência não pode ser resolvida nem superada.

As estratégias "êmicas" hoje na moda tendem, contudo, a compartir o destino de suas antecessoras "fágicas", que agora estão ficando fora da corrente e fora da moda. Hoje, a corrente mais poderosa de ambiguidade existencial e ambivalência comportamental brota da multiplicidade de autoridades, da pluralidade de formas de vida e da polivocalidade – todos ingredientes permanentes, irremovíveis, da era "líquido-moderna". Tal como antes, a ambivalência é ela própria uma situação incuravelmente ambígua e uma experiência ambivalente demais: pressagia a humilhação, mas vaticina uma oportunidade excepcional para os que procuram a beleza, para a criação cultural e intelectual.

K.T.: Um dos principais debates sobre o Holocausto é se ele foi uma invenção peculiarmente germânica ou se poderia ter sido perpetrado por qualquer Estado moderno, dada a imposição do sonho de uma ordem pura e a oportunidade de trabalhar pela realização desse sonho sem estorvo nem obstáculo. A questão é: se o fato de o Holocausto ter sido perpetrado essencialmente pela Alemanha resulta de alguma rota especial e singular de desenvolvimento seguida por esse país, e por nenhum outro Estado europeu. Essa é a tese de Sonderweg. Enquanto isso, seu livro sobre o Holocausto tende a ser bem claro ao afirmar que ele só ocorreu na Alemanha em razão de circunstâncias contingentes. Seria possível dizer que a lógica de sua explicação do Holocausto é minimizar seu aspecto alemão e, em lugar disso, enfatizar a culpabilidade da modernidade. Seria a história da perpetração do Holocausto um capítulo da história da Alemanha ou da modernidade?

Z.B.: Pessoas eram mortas por pertencerem ao tipo de grupo errado muito antes da ascensão da modernidade. O papa recentemente pediu perdão pelos "assassinatos categoriais" cometidos pela Igreja cristã (ou em seu nome). As vítimas eram *infiéis*, pessoas que haviam rejeitado a verdadeira fé. Na maioria dos casos, porém, pelo menos como questão de princípio, era-lhes oferecida a oportunidade de abjuramento ou expiação. Eram sentenciadas à morte pelo que haviam *feito*, não pelo que *eram*.

De modo paradoxal, os genocídios pré-modernos foram reconhecimentos oblíquos do livre-arbítrio das vítimas. De forma também paradoxal, nestes tempos modernos, em que o louvor do livre-arbítrio se faz diariamente, e a mensagem da livre escolha é inculcada em nossos lares de maneira incessante, o genocídio se justifica em termos que negam a liberdade de escolha das vítimas. Os *kulaks* russos e ucranianos podiam abster-se honestamente de cometer más ações, mas não tinham a escolha de deixar de ser *kulaks*, ou de terem nascido numa família *kulak*. Os judeus alemães podiam abandonar o caminho traçado e adotar modos e maneiras dos gentios, mas não tinham o poder de mudar seu judaísmo, predeterminado pela origem judaica. Não há nada que os albaneses do Kosovo pudessem fazer ontem para deixar de ser albaneses, assim como não há nada que os sérvios do Kosovo possam fazer hoje para deixar de ser sérvios. Um tutsi não pode ser um hutu, um hutu não pode se transformar em tutsi. Sua identidade foi escrita em seus passaportes, e seu pecado original e irredimível é o de terem sido assim registrados.

É uma invenção moderna o fato de que, para certas categorias de seres humanos, simplesmente não há lugar na "boa sociedade" que está para ser construída, não por suas más ações, mas pela incapacidade de agir da maneira correta. Uma variedade moderna de criminosos, produtos colaterais das ambições regulatórias, consiste em categorias de pessoas cujo crime foi terem sido acusadas. Podemos rir de algumas acusações, coletar provas mostrando que outras não têm fundamento, inocentar alguns acusados e ter pena de outros. Mas a prioridade do projeto do jardim em relação aos "jardins realmente existentes"; a ideia de que alguns tipos de seres humanos podem ter "natureza daninha" e tendem a assim permanecer; que certas espécies de *Leben* são *unwertes*; que os seres marcados por certos traços devem ser, pelo bem do projeto, removidos ou, melhor, impedidos de nascer; isso tudo está profundamente enraizado na mente moderna e aflora sem cessar nos avatares sempre novos.

Nunca disse (nem pensei) que a Alemanha não seja culpada do crime do Holocausto. Só disse, e repetidas vezes (e continuarei repetindo), que a culpa da Alemanha não é um problema alemão, que a Alemanha fez o que fez em função do que *compartilha* com o resto de nós, e não em função do que a torna diferente de nós; e que, portanto, a mais pavorosa das lições do Holocausto não é que "isso poderia acontecer conosco", mas que "nós poderíamos tê-lo feito, dadas as circunstâncias adequadas". A *Endlosung*, ou Solução Final, foi um laboratório em que as capacidades de nossa civilização, postas em busca da perfeição, por meio da eliminação de todos os seres menos que perfeitos, foram colocadas diante de um *experimentum crucis*. É apenas uma das capacidades modernas, e não existe a "inevitabilidade histórica" de que isso leve ao Holocausto. Mas, sem a civilização moderna, sem todo o acervo de suas realizações das quais, sob outros aspectos, temos tanto orgulho, o Holocausto que teve lugar na Alemanha seria inimaginável.

O problema de culpar os alemães e seu *Sonderweg* é que todos os outros são inocentados. O que se esquece, então, é que as ideias essenciais de "tronco racial" e políticas eugênicas (de aperfeiçoamento da raça) foram inventadas, adquiriram credenciais científicas e receberam aclamação pública bem longe das fronteiras alemãs; foram ardorosamente implementadas muito antes de os nazistas assumirem o poder (sobretudo nos Estados Unidos) e muito depois de o cadáver queimado de Hitler ter sido encontrado no pátio do *Reichkanzlei* (sobretudo em todos os países escandinavos, sob a supervisão de governos social-democratas); que Hitler, que adorava apresentar-se como executor das ambições da humanidade, nunca teve dificuldade em produzir longas listas de luminares do pensamento moderno em apoio a suas ideias de "boa sociedade" e a sua forma de implementá-las; e que os governantes de Vichy impuseram leis antissemitas que foram muito além da legislação nazista, que o fizeram por iniciativa própria e sem pressão alemã – e o que fizeram foi feito em nome da "França saudável, renascida", e não em função da ordem mundial imposta pela raça alemã.

Creio que só se pode esquecer tudo isso por nossa própria conta e risco. Livrar-se das *unwertes Leben* e afirmar com confiança que tipo de vida vale a pena e que tipo não vale são tentações constantes dos tempos modernos; seria ingênuo e eticamente horroroso não ter consciência da necessidade de refrear essa tentação e manter-se vigilante o suficiente para perceber as maneiras como isso funciona em nossos anseios cotidianos, em particular naqueles que em aparência são inócuos, pois elas se escondem sob nomes supostamente nobres, e por essa razão são louvadas por alguns e engolidas placidamente por outros.

Em nossa época, esse *desideratum* adquire urgência ainda maior que antes. E não é porque a ameaça de movimentos ao estilo *Endlosung* tenha aumentado. Pelo contrário, já que uma operação condensada e eficiente como o Holocausto exigiria um poder de Estado soberano e centralizado num grau que seria improvável alcançar de novo. A tendência totalitária tão preeminente na modernidade "sólida" definha e se dissipa na variante "líquida" da condição moderna.

Aprender as verdadeiras lições do Holocausto adquire nova e realçada importância por motivos opostos: tal como tantos outros aspectos da condição moderna, a tentação que mencionei um momento atrás foi deixada de lado pela administração do Estado, desregulamentada e privatizada, para que esta seguisse o padrão monetário ou salarial e "encontrasse seu próprio nível" em meio à competição de mercado. Em sua nova versão, pode ser fácil deixar de reconhecê-la – ou fazê-lo tardiamente – quando a devastação já tiver sido feita. A ideia de que o direito de viver não é um direito de nascença (ou, nesse sentido, de pre-nascença), que ele pode e deve ser avaliado em relação ao direito de outras pessoas de serem felizes e livres de preocupações e se sacrificarem pelo "bem maior" (ou pelo bem do mais engenhoso), aparece hoje sob o disfarce da "liberdade de escolha" individual, valor agora aplaudido tão unanimemente quanto o foi, um século atrás, a "sociedade racional", e que como tal dificilmente pode ser examinado e questionado.

Mas é exatamente a mesma e velha tentação sinistra que, deixada à exploração dos mercados comerciais em lugar dos "Estados totais" de ontem, tem toda a chance de se manifestar de modo mais amplo e eficaz que em qualquer momento do passado. Os genes humanos já são propriedade de empresas privadas, mas, em nome da liberdade de escolha do consumidor, assim como do direito de escolher sua companhia, tendo decidido primeiro (ou aceitado os sumários midiáticos do "senso comum") que tipo de companhia vale a pena ter e com que tipo de seres humanos não vale a pena se associar.

K.T.: Pode-se sugerir que o fato de você ter falado do Holocausto e da modernidade em si demonstrou que pensava e escrevia de fora da modernidade. Naquela época, você teria identificado essa posição como de ambivalência entre o moderno e o pós-moderno. Mas que devemos entender por "pós-modernidade"?

Z.B.: Depois do *Deus absconditus*, que inaugurou a crença moderna nos poderes da *espécie* humana, veio a *Societas abscondita*, que desencadeou a crença pós-moderna nos poderes dos *indivíduos* humanos. Em ambos os casos, permita-me repetir, havia na crença um toque de desespero, o sentimento de "nada mais há a fazer". Já que o apelo a vigias e guardiões terá provavelmente o mesmo efeito que gritar no vazio, vamos parar de perder tempo e nos concentrar no que podemos fazer, coletiva ou individualmente, com nossas próprias mãos, e esperemos obter maiores habilidades e fabricar ferramentas melhores para usarmos as mãos com mais eficiência e resultados mais satisfatórios.

Talvez Deus tenha planos para o futuro, mas gastar uma energia preciosa tentando penetrar esses planos seria, de qualquer forma, de pouca valia. Assim, vamos pegar uma coisa de cada vez e começar a nos preocupar em como cruzar a próxima ponte quando chegarmos a ela. Podemos dizer que a era pós-moderna não é uma flecha. Ela perdeu a ponta que era a marca dos tempos modernos. Mas acho melhor dizer que deixamos de nos preocupar com a direção em que a flecha aponta. O tempo flui, e flui mais depressa que antes, porém, não podemos mais mapear a margem do rio que o mantém num curso predeterminado, ainda que ele exista.

Se a modernidade se ocupou em "desencaixar" os indivíduos dos ambientes que os hospedavam, ela o fez a fim de "reencaixá-los" de modo mais seguro que antes, para criar "estruturas" construídas de acordo com um plano e mais sólidas que as estruturas apertadas e desconfortáveis, miseráveis e precárias deixadas pelo *Ancien Régime*. A pós-modernidade (a modernidade em sua fase "líquida") é a era do desencaixe sem o reencaixe. Qualquer estrutura construída deve servir de veículo para se manter em movimento pelo tempo necessário a fim de alcançar a próxima pousada a meio caminho, e não de lares em que se possa descansar no fim da estrada.

A era pós-moderna (ou, como prefiro dizer agora, "líquido-moderna") se divide em episódios que não se apresentam numa ordem com o mínimo de consistência. Parecem ser abertos a qualquer tipo de reembaralhamento. Sua sucessão não se dá numa ordem preordenada, mais parecendo a ordem das contas num colar. Luc Boltanski e Eve Chiapello sugerem que o modelo que hoje todos nós tendemos a trazer em nossas cabeças é o da *cité par projets* (o plural do último termo é de crucial importância nessa expressão): a profusão de projetos a prazo fixo e a esperança de que a gama de escolhas continuará a crescer em vez de diminuir substituem o fascínio e o poder motivacional do único e singular *projet de la vie*, o projeto para "toda a vida". Cada "projeto" sucessivo que é empreendido deve ser concebido e realizado para extrair o máximo das habilidades da pessoa, apenas para demonstrar sua "capacidade de realizar projetos" e garantir sua *empregabilidade* quando da alocação e apropriação da nova leva de projetos.

Isso nos traz à mente um carrossel, em vez de uma corrida de maratona; a vida como uma série de rodadas, uma sequência de novos começos, muitas vezes em lugares desconectados e ambientes não correlatos. Manter-se em forma para a próxima rodada, ainda desconhecida, qualquer que ela possa ser, é a principal realização, revogável, como o resto.

Também se pode pensar na diferença entre os contextos "sólidos" e "líquidos" da vida moderna sob a perspectiva da natureza mutante do experimento, esse expediente crucial na estratégia de seres obrigados a formular seu próprio destino. O significado herdado de um experimento era uma tentativa de descobrir a melhor forma de atingir determinado fim. Não apenas o objetivo, mas diferentes formas de alcançá-lo eram vislumbradas, e a experimentação prosseguia enquanto não se encontrasse a melhor maneira. Somos todos forçosamente experimentadores, mas a ordem dos fins e meios foi revertida. Tendemos a seguir testando diferentes aplicações de habilidades, talentos e outros recursos que temos, suspeitamos ou esperamos ter, e buscamos descobrir que resultado traz mais satisfação. Essa experimentação, contudo, não tem um ponto final embutido; as descobertas nunca são conclusivas, "a maior satisfação *até agora*" não significa "a maior satisfação possível". Assim, não existe algo como "a prova final" de alguma coisa, e a experimentação deve continuar.

Na "modernidade sólida", tendente a produzir leitos sólidos, inquebráveis, para que os "desencaixados" se "reencaixassem", a rota imperial para o sucesso era conformar-se, ajustar-se a um leito pré-fabricado. Na "modernidade líquida" o segredo do sucesso é não ser tediosamente conservador, evitar habituar-se a um leito específico, ser móvel e estar sempre à mão. Para provar que se é "o artigo genuíno", é preciso ser flexível, estar sempre à disposição, pronto a começar de novo, em vez de conformar-se e manter-se preso a uma forma desde que ela foi assumida.

Parece haver uma ressonância marcante, ou, se você preferir, um "parentesco seletivo", entre a história sem direção e a biografia sem projeto.

K.T.: Haveria uma diferença entre a ordem moderna e a pós-moderna?

Z.B.: Claro que sim, há diferenças, e muitas – difícil decidir por onde começar! Muitos anos atrás, Pierre Bourdieu apontou a mudança nas formas pelas quais se evoca a disciplina e se busca a integração social: da regulação normativa à sedução, do policiamento às relações públicas, da imposição da lei à publicidade. Acho que o que alicerça todas essas mudanças é a transferência da tarefa de integração social das agências centralizadas e estritamente administradas para as "forças do mercado", dispersas e não coordenadas.

Eu mesmo falei do recuo das técnicas pan-ópticas de dominação, descartadas nem tanto por sua hediondez moral quanto por seus custos exorbitantes e, acima de tudo, para evitar ou restringir a mobilidade dos dominantes da mesma forma que eles restringem a liberdade dos dominados. Essas técnicas foram amplamente abandonadas (exceto no tratamento das margens criminalizadas, onde ainda se prefere a vigilância direta, hora após hora) e substituídas pelo que Pierre Bourdieu chamou de "política da precarização": desabilitar os dominados pela ameaça de êxodo dos dominantes, decisão que os deixaria por conta de seus recursos dolorosamente inadequados.

Foi rompido o vínculo entre dominação e conquista e administração territoriais, tão íntimo na época da modernidade "sólida". Na luta de poder dos nossos dias, a apropriação do território passou de ativo a passivo, uma vez mais por seus efeitos adversos: a imobilização dos dominantes, prendendo-os às responsabilidades incômodas e intermináveis que a administração de um território inevitavelmente acarreta. Na era da mobilidade planetária e das redes também planetárias de comunicação instantânea, as "guarnições nas cidades conquistadas" parecem tão inúteis quanto proibitivamente caras. Hoje tende-se a ouvir com muito mais frequência sobre a retirada de tropas que sobre invasões (ao menos na parte globalizante do planeta, ao contrário da globalizada).

Tudo se resume à passagem do engajamento ao *desengajamento*, realizado ou contemplado como principal estratégia da luta de poder, dominação, aplicação de lei e ordem, e integração social (assim como, por mais que uma mera coincidência, da política de vida), fenômeno que já invoquei diversas vezes em nossos diálogos. Sobre as condições de vida, essa passagem tem um impacto que seria difícil exagerar. Incerteza e insegurança não se transformaram apenas, de perturbação temporária, em traço endêmico de uma existência "sem alternativas", mas agora têm sido empregadas como principal veículo da integração sistêmica, se não de coesão social. Essa guinada só pode gerar enormes volumes de tensão e ansiedade que os Estados-nação, as tradicionais agências destinadas a lidar com esse tipo de coisa, não têm recursos suficientes nem disposição para amenizar, que dirá cortar pela raiz.

Não há curas evidentes para o estado de incerteza e ansiedade. Assim, é improvável que as fontes desses sentimentos venham a secar. Incapaz de atingir a matéria verdadeira, a energia desse modo gerada tende a se redirecionar para os objetos à mão, aquilo sobre o que nos sentimos capazes de fazer alguma coisa: em primeiro lugar, às preocupações com a segurança do corpo e sua vizinhança imediata. Os estranhos nas proximidades são os alvos óbvios; os que estão perto de nossas casas, postos avançados, visíveis e tangíveis de todas aquelas forças evasivas, misteriosas, impenetráveis e difíceis de identificar, e acima de tudo imprevisíveis, que devastam todas as rotinas habituais, frustram planos de vida e impedem o próprio esforço de planejar.

Com muita frequência, os políticos se mostram satisfeitos e ávidos em condescender. A noção de "pessoas em busca de asilo" logo se torna um termo de abuso; leis de imigração e naturalização ficam mais rígidas; a construção de "centros de detenção" (termo higienizado para se referir aos desacreditados campos de concentração) passa a ser tema de plataformas eleitorais, nas quais se espera que atraia mais votos que qualquer outra promessa.

Dado o enfraquecimento geral da "soberania indivisa do Estado", é improvável que se perpetrem "soluções finais" em nossa parte do planeta. Não existe força capaz de planejá-las, administrá-las e efetivá-las. Podemos esperar novas "guetizações" forçadas, construções de muros e conflitos anti-imigrantes ao estilo de Dover do que novos Auschwitz.[1] Sentimentos tribais, ao contrário das políticas do Estado-nação, tendem a levar a erupções dispersas de violência, e não ao extermínio sistemático de pessoas estigmatizadas como culpadas pela ansiedade; para usar a metáfora de Juri Lotman, a provável manifestação da ansiedade será mais parecida com explosões aleatórias num campo minado do que com o fluxo impressionante de um rio que junta forças a caminho do estuário.

K.T.: Que diferenças você identifica entre a ética moderna e a pós-moderna?

Z.B.: A pergunta é sem dúvida pertinente, mas a resposta, infelizmente, não. Como escrevi um livro intitulado *Postmodern Ethics*, talvez me sinta mais distante de encontrar uma resposta. Podemos afirmar com um mínimo de certeza em que consistia a ética moderna (descobrir um código de comportamento que qualquer pessoa de mente sadia teria de seguir); em que consistia a prática ética da modernidade (estabelecer legalmente um ambiente social em que não haveria escolha senão obedecer ao código); quais os benefícios dessa prática (reduzir o volume de violência, ou seja, de coerção ilegítima – desautorizada – na vida cotidiana); a que preço tais benefícios seriam alcançados (tornar habitual grande dose de violência legítima – autorizada – sob a máscara de coerção "funcional" e rotinizá-la ao ponto da invisibilidade); e quais suas consequências potencialmente mórbidas para a moral (a substituição da responsabilidade pelo outro pela conformidade à norma).

Gostaria de estar também seguro ao assumir um sortimento de ética "pós-moderna", ainda em estado nascente, nova demais para produzir qualquer cadeia estocástica confiável, e arriscar extrapolações de longo alcance a partir de sua breve história.

Não estou agora em melhor posição que dez anos atrás, trabalhando na *Postmodern Ethics*, para me comprometer com qualquer veredicto que tenha a pretensão de finalidade. Agora, como na época, estou inclinado a falar sobre o cenário moral pós-moderno como uma paisagem cheia de ameaças e promessas, perigos e oportunidades. É difícil haver algo tão ambíguo e que seja peculiarmente pós-moderno. Ainda não se encontrou um ambiente perfeito para os selves morais, e todos os ambientes da "realidade existente" foram misturas de augúrios luminosos com premonições sombrias. O que é mais importante: cada escolha tem um preço, e o que ganhamos em um aspecto tendemos a perder em outro. O que vemos como "aperfeiçoamentos" no ambiente existente cedo ou tarde se revela como respostas mais ou menos eficazes àquilo que nos era mais doloroso antes, mas elas trazem novas dores (quase sempre inesperadas) e novas preocupações sobre o estado deplorável e o futuro pouco atraente da moralidade.

Ainda penso, tal como antes, que o enfraquecimento do poder de pressão dos códigos morais e a retração das autoridades e centros de administração monopolísticos da ética podem ter, a longo prazo, um impacto benéfico sobre a moral – os códigos costumavam colocar-se entre o self moral e sua responsabilidade. Atrás do código, a face do outro não era visível com clareza suficiente, e o impulso moral muitas vezes era usado no esforço de conformar-se ao código, ficando à beira do confronto com a questão da responsabilidade incondicional e inalienável do self. A longo prazo, talvez seja auspicioso o fato de que o muro da "responsabilidade *para*" atrás do qual a "responsabilidade *por*" se escondia tenha desabado, ou que haja muros demais para que algum deles possa oferecer refúgio seguro. Não há garantia, contudo, de que venha a ocorrer exatamente isso – nem mesmo a probabilidade de sua ocorrência é superior à de suas alternativas.

Os códigos podem ter perdido grande parte de sua capacidade de desabilitar moralmente, mas isso não teria ocorrido não fosse pela coincidência de outras inflexões cuja capacidade de desabilitar revelou-se não menor, se não maior, que a exigência de conformidade. Um momento atrás discutimos uma dessas inflexões: a fragmentação da vida, seu caráter episódico, e a ascensão do *desengajamento* para uma posição fundamental nas estratégias de vida "racionais", que costumava ser ocupada pelos seus opostos, o engajamento e o compromisso. Também discutimos a nova tendência de buscar segurança numa profusão de oportunidades alternativas, mas também invariavelmente transitórias, e não na durabilidade de um ambiente.

Você mesmo, em seu livro *Moral Culture*, debateu (e mostrou-se preocupado com) uma inflexão mais fatal: a especialização, a profissionalização e, em última instância, a comercialização da caridade – a nova proximidade do sofrimento oferecida pela mídia de alcance mundial proporciona também uma nova chance de manipulação e canalização dos impulsos morais despertados por essa proximidade "virtual". Num ensaio sobre "As guerras na era da globalização", sugeri também que a nova "virtualidade" de uma categoria de guerras transformadas em expedições punitivas abre novas perspectivas para a crueldade "adiaforizada" (neutralizada do ponto de vista moral).

O problema é que todas essas inflexões dificilmente são questões referentes a um estilo cultural escolhido de modo livre: em vez disso, são respostas que foram e continuam a ser extraídas à força dos atores pelas condições alteradas em que todos nós somos obrigados a realizar nossas tarefas da vida. Se as regras e os prêmios do jogo se alteram, só se pode esperar que os jogadores "em juízo perfeito" busquem novas táticas e façam outros tipos de movimento.

Pode-se dizer que a vida vivida como uma série de episódios independentes entre si e a consequente fluidez dos vínculos inter-humanos (presumida, se não genuína) pressagiam tempos difíceis para o self moral e os padrões de ética da sociedade. Parece-me que há um vínculo estreito entre o valor da durabilidade e o fortalecimento dos padrões morais. É benéfico para a qualidade ética da relações humanas estar ciente de que "tornaremos a nos encontrar", que continuaremos nos encontrando por muito tempo. Por outro lado, a tendência a fechar capítulos e finalizar episódios com um "*não* continua" está ligada à redução ou à terminação (talvez sem que se tenha feito sequer a tentativa) da responsabilidade, essa pedra de toque de todos os selves morais. Mas a durabilidade não é mais apreciada nem vista como qualidade útil.

No ranking das coisas mais valorizadas, a transitoriedade substituiu a durabilidade. O que se valoriza hoje (por escolha, mas também por necessidade não escolhida) é a capacidade de manter-se em movimento, de viajar depressa e de uma hora para outra. O poder é avaliado pela rapidez com que se pode escapar às responsabilidades. Quem acelera ganha; quem fica parado perde. A coleção de Andy Warhol, feita de um bricabraque gritante e vergonhosamente não durável, adquirido de modo aleatório, cada objeto comprado ao sabor do momento, nem mesmo para satisfazer um desejo, mas para dar vezo a uma vontade momentânea, e logo depois colocado numa prateleira, em vez de saboreado; ou a paixão de Bill Gates por se livrar de coisas valorizadas um momento antes, tão observada com argúcia e vividamente descrita por Richard Sennett. Estes são exemplos do novo ethos cultural.

Ligar-se a objetos com longa expectativa de vida vai contra o preceito de permanecer magro, leve e em forma. Mas esse preceito, por sua vez, milita contra assumir responsabilidades morais, o que pode levar a comprometimentos, obrigações e outros "fardos" que deveriam ser jogados fora com o resto do lastro, para permitir a subida do balão de ar quente. Nada disso é bom presságio para reconhecer a humanidade do outro.

As artes estão como sempre estiveram ao longo da história, preparadas para refletir simbolicamente a experiência da vida na forma que assumem e nos veículos que utilizam, se não em sua mensagem franca e detalhada. Happenings e instalações se destinam a durar não mais que as exposições por tempo limitado na linha de frente da moda artística. As obras de arte (ou deveríamos falar em eventos artísticos?) são ensaios públicos da transitoriedade das coisas, da substituição do que está sendo vivenciado pela experiência. E então chega Damien Hirst, afundando lascas de carne morta em formaldeído para nos informar da futilidade dos sonhos de tornar durável o transitório.

K.T.: Alguns anos atrás, falar em pós-modernidade seria algo bem pertinente. Mas desde meados da década de 1990 tem havido um movimento na área do pensamento social que se afasta do foco na pós-modernidade. Ficou muito claro que a frequência de aparições da pós-modernidade em seu próprio trabalho tem diminuído. Você parou de se referir à pós-modernidade e está muito mais inclinado, em vez disso, a falar em modernidade líquida. Por que ocorreu essa mudança em sua obra? A modernidade líquida é substituta, semelhante ou paralela à pós-modernidade?

Z.B.: Você tocou no ponto nevrálgico. Com o tempo, fui ficando cada vez mais desconfortável com a "pós-modernidade" como "termo guarda-chuva" para a ampla gama de transformações que marcava a sociedade emergente. Gostaria muito de crer que meu desconforto nada tinha a ver com a notória volatilidade dos modismos entre as classes tagarelas, incluído o setor sociocientífico. Quando recorri ao conceito de pós-modernidade como eixo em torno do qual se poderia distribuir tudo que é recente na realidade social de hoje, distanciei-me do conceito, então amplamente empregado, de "pós-modernismo". Ao contrário deste, que, como todos os "ismos", se referia a um projeto ou a uma atitude, mais que a quaisquer traços particulares do "mundo lá fora", "pós-modernidade", esperava eu, deveria referir-se à qualidade de um tipo determinado de sociedade que parecia ser a nossa, embora diferente da de nossos pais. Logo fiz a distinção entre "sociologia pós-moderna" e "sociologia da pós-modernidade", e sinceramente esperava que essa distinção pudesse estabelecer-se e manter-se.

Agora parece que minhas esperanças eram infundadas. "Pós-modernidade" e "pós-modernismo" foram irremediavelmente confundidos, usados em muitos casos como sinônimos. O próprio debate sobre pós-modernidade foi tomado como sinal de adesão ao campo "pós-modernista". Eu me vi na companhia de colegas de quarto com quem jamais compartilharia um aposento, ao mesmo tempo que, com muita frequência, se liam ideias em meus textos que não eram minhas, mas de pessoas com que eu era associado com base na confusão semântica. Comecei minha retirada quando cheguei à conclusão de que, com toda a probabilidade, a batalha estava perdida; e que, pela confusão semântica, uma discussão sensata das tendências contemporâneas sob a rubrica da "pós-modernidade" seria quase impossível.

Houve outra razão mais substantiva para essa retirada. Pode-se ir ao extremo para negar, fazer uma pilha de ressalvas, mas de nada adianta: a palavra "pós-modernidade" implica o fim da modernidade, deixá-la para trás, estar na margem oposta. Mas isso é gritantemente falso. Somos tão modernos como nunca, "modernizando" de modo obsessivo tudo aquilo que tocamos. Um dilema, portanto: o mesmo, embora diferente, a descontinuidade na continuidade.

Anthony Giddens encontrou uma saída para a situação ao brandir a expressão "modernidade tardia". Achei difícil adotá-la. Nunca entendi como podemos saber que esta modernidade aqui e agora é "tardia", e o que fazer para prová-la ou refutá-la. Além disso, a ideia de "modernidade tardia" implica o mesmo que o conceito de pós-modernidade: não se pode falar da fase "tardia" de um processo a menos que se presuma que esse processo chegou ao fim – e, portanto, que se possa observá-lo em sua "totalidade".

O termo "segunda modernidade", de Ulrich Beck, é melhor, mas em si mesmo um contêiner vazio que abriga toda espécie de conteúdo. Nada diz sobre a diferença entre a "segunda" modernidade e a "primeira". Achei mais palatável a palavra *surmodernité*, de George Balandier; é uma pena que em inglês ela não soe tão bem como no francês. Daí minha proposta: *modernidade líquida*, que aponta ao mesmo tempo para o que é contínuo (a fusão, o desencaixe) e para o que é descontínuo (a impossibilidade de solidificação do fundido, de reencaixe). Até aqui tenho achado o conceito adequado e útil. Em *Modernidade líquida* tentei examinar um a um alguns temas centrais e muito sensíveis incluídos na agenda social na era moderna, a fim de descobrir o que mudou e o que permaneceu incólume com o advento da fase "líquida", e me parece que esse conceito ajuda a entender tanto as mudanças quanto as continuidades.

· Diálogo 4 ·

Individualização e sociedade de consumo

KEITH TESTER: O status do "indivíduo" é muitas vezes debatido em seu pensamento social. O indivíduo é um sujeito ético, um ator social e também o produto de estratégias de vida específicas. Porém, muitas pessoas rejeitam a utilidade de falar sobre o "indivíduo", porque isso é muito abstrato e ignora os aspectos sociais da identidade. Qual sua atitude em relação a esse tema?

ZYGMUNT BAUMAN: Bem, sim, "indivíduo" é um conceito problemático, perturbador, porém não mais – embora também não menos – que tantos outros de que se compõem as narrativas sociológicas, ou, nesse sentido, as narrativas de nossa experiência de vida. E, sim, é provável continuarmos a discutir indefinidamente a verdade da "individualidade". O que dissermos, não importa o quê, será contestado, e tanto o que dissermos quanto as refutações terão com muita frequência suas boas razões.

Leibniz costumava entreter as damas da corte mandando-as a um jardim outonal cheio de folhas e pedindo-lhes que encontrassem duas delas que fossem absolutamente idênticas. Claro que elas não conseguiam, e, por não conseguirem, perdiam a fala: não estavam mais certas de que fazia sentido falar em "folhas de carvalho", "folhas de bordo", "folhas de faia" ou "folhas de castanheiro"; tendo perdido a confiança que morre no momento em que nasce a reflexão, não podiam falar. Alguns séculos depois, Wittgenstein tomou o exemplo deste "jogo" e um retrato coletivo da família Churchill para afirmar que a "semelhança de família" não significa que haja um único traço que todos os seus integrantes compartilhem. Tanto Leibniz quanto Wittgenstein acentuaram, de formas vívidas, o que já se havia manifestado séculos antes na disputa nunca de todo resolvida entre "nominalistas" e "universalistas".

Não há como negar que esse abrir e fechar de olhos seletivo – tal como a simplificação e o empobrecimento indevidos da realidade que a cunhagem de "termos coletivos", ou seja, termos que correspondem a mais de uma unidade nos ambientes que denotam, propicia – é um problema e um sério desafio para filósofos, lógicos ou linguistas. Quanto ao resto de nós, poucos passam pela agonia do tipo descrito na *Náusea* de Jean-Paul Sartre. No conjunto, apesar de todas as aporias lógicas e armadilhas empíricas, nossa linguagem se presta muito bem a nossas tarefas cotidianas, e dificilmente temos ocasião de refletir sobre as formas misteriosas pelas quais esse feito espantoso é diária e incessantemente realizado. Proponho, portanto, que deixemos esse problema aos cuidados dos estudiosos profissionais dos paradoxos e, em vez disso, nos concentremos em outro aspecto do problema que você mencionou: aquele que tem sido o domínio adequado dos "sociólogos" desde o início do pensamento social, o da relação entre "individualidade" e sociedade, que, em resumo, é mais uma faceta da complexa relação entre biografia e história.

Quando John Thompson me sugeriu que reunisse num volume artigos esparsos que escrevi e palestras que proferi nos últimos anos (quando eu estava trabalhando nos livros *Em busca da política* e *Modernidade líquida*), uma coisa que tivemos de discutir em profundidade foi a escolha de um título que pudesse expressar melhor a ideia de coletânea. Concordamos com a sugestão de John, de *Sociedade individualizada*, mas ambos lamentamos que o título mais adequado ao conteúdo do volume já tivesse sido "apropriado" por Norbert Elias: *A sociedade dos indivíduos*. A feliz expressão de Elias acerta na mosca e não pode ser melhorada quando se trata de explorar e narrar a questão da individualidade. Ela coloca de lado os problemas de Hobbes e de Spencer, que mantiveram diversas gerações de pensadores sociais ocupados, ao mesmo tempo que os estimulavam a olhar na direção errada. Em vez disso, ela traz para o centro das atenções o fato de que é a "sociedade" que transforma (ou não, dependendo do caso) os seres humanos em *indivíduos*, em vez de ser um milagroso antídoto ao veneno terminal da individualidade inata e imaculadamente concebida, ou "natural", como queria Hobbes, ou o inimigo mortal do indivíduo, como insistiria Spencer.

O que chamamos "sociedade" é responsável por sermos vistos como predominantemente idiossincráticos ou como entidades seriais, ou por subordinarmos nossas estratégias de vida (de modo consciente ou não) à afirmação e ao cultivo da idiossincrasia ou da "conformação à espécie". E, o que é engraçado (ou nem tanto, afinal, sendo tão comuns as imitações pela coruja dos hábitos de Minerva), para dizer "sociedade" e "pensar a sociedade" já se precisa estar bem avançado na rota da individualidade, conhecer o sentimento de "ficar órfão", privado de guias e guardiões, e abandonado com mapas no bolso e instrumentos vergonhosamente inadequados na caixa de ferramentas particular.

K.T.: Sua resposta implica que falar de "indivíduo" representa uma abstração da interconectividade e das relações sociais. Em outras palavras, não que os indivíduos existam na sociedade, mas a sociedade é associada a formas de individualidade. Essa maneira de enfrentar o problema significa que é necessário, antes de tudo, ser capaz de falar de sociedade. O que é sociedade?

Z.B.: Poucos de nossos contemporâneos lembram que, ao aparecer pela primeira vez na linguagem da emergente ciência da sociologia, "sociedade" era uma metáfora; e, como todas as metáforas, seletiva, desnudando certos aspectos do objeto a que se aplicava e atribuindo menor importância a outros. Daquela parte ou aspecto do mundo que os sociólogos se puseram a explorar, a metáfora da sociedade atingiu a superfície e tornou relevante a qualidade de estar em "companhia".

De forma explícita ou implícita, a metáfora da sociedade usa imagens de contiguidade, proximidade, convívio e engajamento mútuo. "Sociedade" podia ser usada como metáfora porque a experiência que os sociólogos buscavam apreender e articular era a de um grupo de pessoas compartilhando o mesmo lugar, interagindo em muitas atividades, se não em todas elas, encontrando-se com frequência e conversando entre si em muitas ocasiões. Unido dessa maneira, esse grupo de pessoas defrontou-se com a perspectiva de viver em íntima proximidade por um longo período, e por esse motivo a unidade do ambiente de vida foi suplantada pelo esforço de cerrar fileiras, tornar a coexistência "harmoniosa", "ordeira", para que "benefícios mútuos" pudessem advir.

O paradoxo, contudo, é que o tipo de experiência que os sociólogos se esforçaram por captar em sua rede conceitual ao usarem "sociedade" como metáfora se tornara saliente porque já estava em mau estado, precisando urgentemente de atenção estrita, exigindo novas ferramentas para ser "captada". Era a "companhia" que faltava, evidente por sua ausência. A experiência de "estar em companhia" se havia tornado rara. Não que os aglomerados humanos tivessem sido despovoados, e as multidões não estivessem à vista (pelo contrário, poucas vezes no passado houvera ruas tão densamente congestionadas como nas cidades que brotavam e floresciam por toda parte). Mas, de alguma forma, estar naquela multidão urbana era diferente de "estar *em companhia*", já que, por contraste, isso tornava visível o que significava "estar em companhia" (uma questão de "densidade moral", como Durkheim sugeriria muito tempo depois, distinguindo-a da "densidade física").

Ao escolher aplicar a metáfora da "sociedade", os sociólogos tentaram mostrar que essas multidões anônimas e sem face que penetravam na vida cotidiana, e todas as outras pessoas que ficavam fora da vista de modo permanente, desconhecidas e apenas percebidas, distantes, porém interferindo, eram aparições "semelhantes" à companhia na qual se costumava estar; que nem toda proximidade podia passar a impressão de se estar em companhia, mas estar em companhia não demandava a proximidade como condição necessária. Durkheim dedicou sua vida ao esforço de mostrar como os efeitos de organizar e domar seres potencialmente selvagens podia ser realizado a distância, sem contato face a face, mediante a divisão do trabalho e um sistema legal devidamente modificado, mas abstrato, e que os mesmos efeitos eram atingidos por rituais comunais e a estrita e constante vigilância da vizinhança.

K.T.: Conclui-se disso, então, que a sociedade foi imaginada, em vez de descoberta? E, sendo esse o caso, quais foram as circunstâncias dessa imaginação?

Z.B.: Benedict Anderson resumiu dois séculos de esforços dos sociólogos ao criar o conceito de "comunidade imaginada".

Fico pensando: será que a "sociedade" pode ser mesmo *imaginada*, poderia ela tornar-se uma "companhia imaginada", não estariam as experiências cotidianas sugerindo algo bem diferente – solidão, abandono, ausência de companhia? Creio que a sociedade se tornou um objeto de cognição no momento em que começou a transformar seus membros em *indivíduos*, ela própria retirando-se do reino do visível (para não dizer do óbvio), do "à mão", e assumindo posição atrás do palco, onde só poderia ser "imaginada" e teorizada.

Em que consiste esse "transformar pessoas em indivíduos"? Sem dúvida em afrouxar os laços que dificultavam os movimentos humanos, na "emancipação em relação às restrições". Mas consiste, em primeiro lugar, em colocar o "tornar-se" antes do "ser". Um indivíduo é uma criatura cuja sorte é a conclusão, consequência ou recompensa de uma vida de trabalho. Os indivíduos são o que *se tornaram*, cada qual resultante de seus próprios esforços e escolhas. Essa cadeia causal pode ser um postulado, e não a afirmação de um fato, mas a verdade não está em causa aqui. "Transformar pessoas em indivíduos" significa tratar esse postulado como se fosse a própria "essência da verdade", e ver os sucessos obtidos e as derrotas sofridas *como se* este fosse realmente o caso.

Na nossa sociedade, somos todos indivíduos. Mas, para a maioria de nós, o significado de ser um indivíduo acaba aqui: no sentido de *ser tratado* como um "homem ou mulher que se fez por si próprio". A escolha está por toda parte, basta fazê-la e seguir o que se escolheu. Se o que você deseja se esquiva, deve haver alguma coisa errada com você, e só com você. Olhe à sua volta: outras pessoas estão fazendo suas escolhas e obtendo o que desejam, por que não você? Isso não significa necessariamente que, se você se esforçasse o bastante, poderia livrar-se de tudo de que não gosta neste mundo, que tudo nele é suave e moldável, pronto para ser remodelado a seu gosto. Na verdade, significa que as coisas que não podem ser alteradas e colocadas numa forma desejável pelo seu esforço próprio não merecem sua reconsideração, e que se preocupar com elas seria pura perda de tempo.

O esforço é grande o bastante para mantê-lo ocupado por toda a vida! Você precisa encontrar o melhor regime com dieta e exercícios para mantê-lo esbelto, ágil e em forma. É preciso descobrir que tipo de identidade sexual se ajusta melhor a você, e então tentar, um após outro, os meios disponíveis para torná-lo atraente ao sexo de sua escolha. Precisa descobrir como fazer amigos e influenciar pessoas, como passar com sucesso por uma entrevista e tornar outras pessoas dependentes de você sem que você mesmo se exponha ao risco de dependência; como ter confiança de que vai conduzir as coisas à sua maneira e como acreditar nessa confiança. Este é sem dúvida um trabalho para toda a vida.

Não admira que estejamos testemunhando hoje uma verdadeira "explosão do aconselhamento", com tantos especialistas à nossa volta alardeando seus produtos e oferecendo seus serviços: conselhos sobre como garantir que a escolha está certa, que se evitou a opção errada. A música varia, mas um motivo pode ser ouvido em todas as melodias: colocam um bode em sua sala (cozinha, cama, pista de jogging e cartão de crédito). Tudo se resume à sua habilidade, astúcia e determinação. É sua ação ou inação que faz toda diferença entre sucesso e fracasso, prazer e infelicidade.

Anthony Giddens criou o conceito de "sequestro". Nós, os indivíduos, podemos "sequestrar" a sabedoria oculta dos especialistas, torná-la nossa propriedade e manipulá-la do modo como toda propriedade é manipulada: pegar ou largar, cultivar ou jogar fora. Giddens vê nisso a garantia de nossa autonomia. Não somos bonecos nas mãos dos sabichões, temos liberdade para decidir. Talvez. Mas o outro aspecto de receber essa "permissão para sequestrar" é deixar que os especialistas se mantenham livres de problemas. Se a receita e o regime não funcionam, mais uma vez a falha é sua, daquele que os escolheu e usou; você não olhou para onde devia e não olhou de perto o bastante. Em si, a habilidade dos especialistas emerge totalmente ilesa da tentativa fracassada, sua autoridade é inabalada, sua imagem é impoluta. O jogo do "aconselhamento e sequestro" prossegue, estimulado pelas ansiedades da solidão e da inadequação que a vida levada individualmente só pode gerar dia após dia.

Este é o mundo em que vivemos, e é onde toda análise sociológica, para o bem ou para o mal, deve iniciar seu diálogo com a experiência humana.

K.T.: Então você está dizendo que a análise sociológica deveria evitar abstrações e, por assim dizer, "começar daqui"?

Z.B.: Começar daqui diz respeito à relevância ou irrelevância da investigação sociológica para os principais destinatários de seus serviços no mundo individualizado. Mas "começar daqui" não é suficiente em si para cumprir a missão ética. Por si mesmo, "começar daqui" significa ser realista, fazer um bom inventário das qualidades da experiência humana e desenhar um bom mapa do campo de estudo – em suma, é uma questão de bom senso. Assumir uma atitude ética requer que se dê um passo mais vital. Ser moral significa estar disposto e pronto a aceitar ajuda.

O problema que estimula esse próximo passo e o torna condição sine qua non da "sociologia moral" é: a condição de serem categorizados socialmente como indivíduos portadores de uma responsabilidade indivisa pelos efeitos de suas ações (e que consideram seu destino o efeito de suas ações) não significa que as pessoas assim classificadas, todas ou na maioria substancial, possam orientar suas ações segundo essa "responsabilidade por decreto". A verdade é o oposto. A maioria de nós simplesmente carece dos recursos que a autoafirmação, a autodefinição e a autodeterminação verdadeiras exigem.

Mas, como se não bastasse essa limitação, há uma razão ainda mais poderosa para que, no que se refere a muitos de nós, o postulado da individualidade plena se sustente no vácuo: as raízes do que nos perturba, não importa o que seja, e se coloca no caminho de uma vida digna e moralmente satisfatória estão plantadas muito além do alcance da ação individual. Essas raízes são semeadas e cultivadas *socialmente*, e só *coletivamente* podem ser desenterradas e "desintoxicadas". Uma vez em movimento, porém, a individualização é autopropulsora e autoacelerante – uma de suas principais realizações é minar a própria possibilidade de *agir socialmente*, de primeiro questionar a sociedade e dar sequência a essa crítica com uma ação social compartilhada.

A sociologia "dotada de consciência moral" precisaria passar por outro teste além de começar com o reconhecimento de que "agora somos todos indivíduos". Teria de revelar o mecanismo desse processo individualizante particular que vem a ser o nosso destino – mecanismo semelhante ao inventado pelo faraó que mandou seus escravos hebreus continuarem a produzir tijolos, mas proibiu que lhes fornecessem a palha necessária à produção. Teria de redirecionar nossa atenção, de todo consumida no momento por preocupações autocentradas, para o fato de que a qualidade da vida individualmente administrada depende de fatores que não são gerenciados no plano individual, mas social; e de que, sem abordar os problemas desse gerenciamento social, pouco se pode fazer, sem dúvida não o bastante, para melhorar essa qualidade.

De modo curioso, o significado de "sociologia moral" foi invertido. Costumava ser, nos tempos da "modernidade sólida", a tarefa de defender a liberdade e a dignidade individuais contra a ascendente maré totalitária proveniente da concentração e condensação de poderes sociais. Agora é, ou pelo menos me parece ser, a tarefa de reconstituir a sociedade como propriedade e responsabilidade comuns de indivíduos livres que almejam uma vida digna.

K.T.: Leszek Kolakowski oferece alguns recursos para um modo de pensar sobre a relevância moral do indivíduo em seu livro intitulado *Freedom, Fame, Lying and Betrayal*. Diz ele que os homens são livres e capazes de escolher entre o bem e o mal. É essa capacidade de escolha que torna as pessoas responsáveis por suas ações e, ao mesmo tempo, dignas de que se lhes conceda certa dignidade. Kolakowski sugere que, por sermos livres, temos dignidade, e esta exige ser levada em conta, ser respeitada. Qual a sua avaliação desse argumento?

Z.B.: Como é de seu feitio, meu douto amigo Leszek Kolakowski é inquestionável: não fosse por nossa liberdade de escolha, o conceito de dignidade não faria sentido. Mais que isso: o conceito de dignidade não teria surgido. O tipo de imaginação capaz de gerar esse conceito nasce da experiência de escolher entre o bem e o mal, sendo, ao mesmo tempo, um objeto dessas escolhas.

Mas permita-me acrescentar que o que vale para a justiça também vale para a dignidade. A experiência negativa, neste caso, a da *indignidade*, é que vem primeiro. A dignidade nasce de um protesto contra os conteúdos feios e dolorosos da experiência, como um postulado: o postulado de negar a negatividade. Esse nascimento seria impensável se já não estivéssemos comendo os frutos da árvore do bem e do mal e praticando a arte angustiante e difícil de viver com esse conhecimento. Assim, você também está certo: liberdade e dignidade caminham de mãos dadas, nascem e morrem juntas. À medida que o indivíduo é livre (ou, em outras palavras, à medida que a liberdade humana assume a forma da individualização), a individualidade se junta a esse par indivisível para formar (permita-me utilizar o termo) a Humana Trindade.

Tudo isso se apoia, contudo, no conteúdo da liberdade. Ser livre para escolher pode não significar mais que a ausência de poderes que proíbam a escolha, ou poderes que usem sua capacidade para nos coagir a confinar nossas escolhas a uma gama inconvenientemente estreita que eles concordariam em tolerar. Mas ser livre pode significar mais que isso: a capacidade das pessoas livres de influenciar a gama de escolhas à sua disposição e de praticar a arte de escolher de maneira efetiva.

O resultado do debate que tivemos um momento atrás é que esses dois ingredientes da liberdade podem não estar presentes ao mesmo tempo, e que, embora tendo feito muito para fornecer o primeiro deles, nossa sociedade não fez o suficiente para garantir o segundo. Essa dualidade sem dúvida se estenderia às outras unidades da Trindade, intimamente dependentes, como o são, da qualidade da liberdade. Já falamos muito da individualidade, mas algo deve ser dito sobre o terceiro elemento da Trindade: a dignidade.

A palavra "dignidade" tem diversos significados e reflete muitas aspirações, todas elas modeladas de acordo com o mundo habitado por seus usuários. Ter sua escolha negada no mundo dos eleitores é uma indignidade. Ter o direito à mobilidade de escolhas negado no mundo dos viajantes e turistas é uma indignidade. Ter negado o direito de exibir suas preferências no mundo dos "direitos humanos" e de reivindicar uma tolerância cada vez maior à sua forma de vida é uma indignidade. Mas mostrar sua inaptidão em todas essas esferas no mundo dos "indivíduos que venceram por si mesmos" é também uma indignidade, e possivelmente a mais dolorosa de todas, de fato, uma espécie de "metaindignidade".

Num mundo que promove a felicidade à posição suprema entre os propósitos da vida, ter cortado o acesso à felicidade é uma indignidade; e essa indignidade é ainda mais angustiante se o bloqueio foi causado pela própria pessoa, como deve ser – ou não deve? – entre indivíduos que venceram por si mesmos. Pode-se aprender muito sobre a natureza da condição humana em determinada sociedade reunindo-se os atuais significados de "indignidade" e verificando-se qual deles é mais comumente usado, e com que ênfase, nas queixas humanas. De forma correspondente, o significado de "dignidade" exigido ou defendido varia de um tipo de sociedade para outro, e também de um "lugar social" para outro.

Cada sociedade, sou tentado a dizer, ajusta a dignidade a suas próprias medidas. Todo ajuste, porém, já é aviltante. Como criaturas dotadas da maravilhosa (ainda que nem sempre agradável) capacidade de escolher entre o bem e o mal ou entre o certo e o errado, não deveriam os homens ser capazes de se opor ao corte? Acima de tudo, não deveriam ter direito de se manifestar quando (se) os cortes forem feitos? Em outras palavras, não existem bons fundamentos para postular um tipo de dignidade que transcenda todas as formas já moldadas por qualquer sociedade, uma "metadignidade", por assim dizer; uma dignidade que consista precisamente em fazer com que seu voto seja ouvido, e com atenção, quando se trata de decidir por que deve lutar a pessoa que deseja a dignidade e sob quais condições?

Estamos de volta a Castoriadis, sua insistência em que a individualidade não pode ser autônoma a não ser que a sociedade também o seja. E a sociedade não é autônoma se (seguindo-se a argumentação e a terminologia de Castoriadis) "o conselho e o povo" não podem ou não querem dizer que esta ou aquela lei se aplicam porque, e somente porque, esse conselho e esse povo, aqui e agora, pensam que elas estão corretas e servem ao melhor propósito: se, em vez disso, a sociedade aceita que é manipulada, cegamente ou não, por forças que ela não pode enfrentar e a que deve obedecer humilde e placidamente. Não deveríamos dizer que viver a vida sob a égide do "não há alternativa" é uma indignidade da sociedade, da mesma forma que não ter capacidade de escolha é a indignidade do indivíduo? Tal como ocorre com a autonomia, também a dignidade da sociedade e a de cada um de seus membros são intimamente conectadas, inseparáveis e mutuamente dependentes. A dignidade dos indivíduos só pode ser alcançada numa sociedade dignificada.

K.T.: Uma das principais características do pensamento social crítico é a ideia de que a dignidade tem sido solapada. Há o retrato feito por Marx do trabalhador alienado, a visão de Weber dos prisioneiros na gaiola de ferro, o homem unidimensional de Marcuse e os "robôs joviais" de Mills. Disposição semelhante pode ser encontrada em sua própria obra. No livro sobre liberdade (*Freedom*), você toma um dos valores mais alardeados do Ocidente (e, nesse sentido, um dos valores mais importantes no seu próprio pensamento) e critica o que a liberdade se tornou e, substancialmente, o que ela significa do ponto de vista de um conjunto de pressupostos implícitos sobre aquilo que poderia ser. Do princípio ao fim, você insiste que a liberdade é analisada como uma relação (uma pessoa tem liberdade porque outra não tem; a liberdade da primeira é ganha à custa da possibilidade de liberdade da outra). Como tal, você situa a liberdade num arcabouço de compreensão eminentemente sociológico.

Z.B.: Pelo menos na maior parte do tempo nosso tipo de sociedade nos manda procurar, como diz Beck, "soluções biográficas para contradições sistêmicas", mesmo que as chances de ser capaz de seguir esse conselho tirado do senso comum sejam reduzidas, para dizer o mínimo, de vez que para a maioria de nós essas soluções simplesmente não existem.

E portanto cabe a suspeita de que individualidade e liberdade individual são uma farsa; de que, oculta por trás da aparente "individualização", uma nova escravidão se enraíza; que, embora as pessoas possam mesmo estar buscando suas próprias e singulares soluções biográficas para os problemas da vida, sua busca e com toda a certeza seus achados foram prescritos, decididos de antemão, de modo que devem todos seguir um padrão estritamente circunscrito.

Essa suspeita tem se manifestado sob muitos nomes. Entre eles, o homem unidimensional e os "robôs joviais" que você mencionou, mas também o "homem dirigido por outros" de David Riesman e, mais notadamente, a "sociedade de massas" produzindo "homens-massa" em escala maciça; para não falar dos ubíquos alarmes sobre os defeitos inatos do "burguês" ou do "aburguesado", com sua inclinação ao conformismo, seu desprezo pela originalidade e sua inclinação a concordar e ser um "maria vai com as outras".

Houve muitas tentativas de explicar por que motivo tem de ser assim: esforços no sentido de elevar as tendências descritas no nível de uma necessidade determinada pela natureza da sociedade a que pertencemos ou pela natureza dos membros dessa sociedade, ou seja, nós mesmos. Relembremos, por exemplo, o "medo do vazio" de Adorno e Horkheimer; a "fuga à liberdade" de Erich Fromm; os "persuasores ocultos" de Vance Packard; ou voltemos ainda mais para a "multidão" de Gustave LeBon (que depois foi mais elaborada por Elias Canetti); ou a "imitação" de Gabriel Tarde. Os mesmos temas voltam e tornam a voltar em diferentes roupagens, atualizados segundo as últimas tendências, mas apenas um pouco modificados. Os temas caem, grosso modo, em duas categorias: ou a sociedade é acusada de forçar ou induzir as pessoas a imitar; ou as próprias pessoas são acusadas de colocar o tipo imitativo de comportamento acima dos desafios da autocriação e da autoafirmação.

Dificilmente há fumaça sem que haja fogo. Embora no calor da batalha tendamos a negar as razões dos adversários, muito há a ser dito em favor de cada opinião. A sociedade moderna mobiliza poderosas pressões individualizantes, mas também erige barreiras para tornar acidentada, sacolejante e muitas vezes intransitável a estrada que leva à individualidade. Não nos esqueçamos, porém, de que esse fogo particular com que a fumaça da "sociedade de massas" sinaliza está ardendo nos lares daqueles que detestam essa sociedade, consideram-na intragável e contrária à verdadeira humanidade. Eles lamentam sua ascensão, ao mesmo tempo se sentindo (tendo a esperança de ser) imunes a seus engodos, tal como Ulisses em relação às canções sedutoras das sereias.

O debate sobre a "cultura de massa" e outros semelhantes dizem muito sobre a sina do "povo", mas não menos, se não mais, sobre a condição dos polemistas. "Cultura de massa" ou "robôs joviais" são retratos que revelam a um só tempo alguns aspectos do físico dos modelos, mas também o ponto de vista dos pintores.

Como quer que os autores encarassem as pessoas que descreviam, eles as olhavam do lugar em que estavam, e dificilmente poderia ser de outra forma. As classes ilustradas da era moderna, que mais tarde seriam chamadas "intelectuais", eram desde o início "indivíduos profissionais". Sua posição e seus papéis profissionais exigiam originalidade, experimentação e questionamento, ou rejeição da ortodoxia e sua perpétua transcendência. Eles tinham de provar seu caráter demonstrando que estavam mesmo aptos a se destacar em tais empreitadas. Não admira que a ideia de "boa sociedade" fosse um tipo de sociedade que aprova e promove ativamente essa espécie de atitude e comportamento.

Por si mesmas, porém, essas circunstâncias ainda não determinavam que os *hoi polloi* devessem ser acusados de comportamento de massa e recusa à individualidade; ou que seus governantes e gerentes devessem ser acusados de estimular tais pecados. Afinal, bom número de intelectuais via a individualidade como privilégio dos melhores, um dom precioso que não deveria ser desperdiçado nem confiado aos demais, incapazes de valorizá-lo ou manipulá-lo com cuidado.

Em *Legisladores e intérpretes*, fiz uma lista bem longa de opiniões desdenhosas e derrisórias sobre "a estúpida massa semelhante a um rebanho", "dada ao estouro, e não a caminhadas solitárias", expressas pelas maiores cabeças da era moderna. Para que as classes instruídas louvassem o advento da "sociedade de massas", duas outras condições tiveram de ser atendidas. Primeiro, a liderança espiritual a que elas aspiravam teve de ser buscada pelo esclarecimento, e não pelo controle coercivo. Segundo, essa busca teve de ser considerada inútil ou quase ineficaz pela competição desleal vinda de toda sorte de origens erradas (os "meios de comunicação de massa" e os redatores de textos comerciais e sua espécie eram os principais vilões dessa peça); ou por causa da recusa dos ignorantes em serem esclarecidos, graças a sua revoltante propensão a rejeitar os conselhos das pessoas de bom gosto e sua ultrajante fixação em passatempos "vulgares" e produtos culturais inferiores.

Os lamentos contra a resistência do zé-povinho à individualidade e a tendência dos de cima a misturar os potenciais indivíduos para constituir uma massa, eram estimulados pelo incômodo sentimento de que o controle do processo escapava às mãos das classes convocadas para presidi-lo; e de que, em consequência, o "projeto do Iluminismo" estava fadado a permanecer "inconcluso" ou dar em nada.

A crítica da realidade nasce do fosso entre o "deveria ser" e o "é". Já que as classes instruídas de nossos dias se tornaram indiferentes à ideia de "boa sociedade", da mesma forma que à ambição de incitar – que dirá conduzir – "o povo" em direção a ela, pode-se presumir que o fosso em questão se estreitou, e a crítica, portanto, teria fracassado. Há sinais de que isso esteja acontecendo. Hoje não se ouve falar dos horrores da "sociedade de massa" com tanta frequência como meio século atrás. É bem comum ouvir dizer que agora somos todos indivíduos, e que não há muito a ser feito para que nos tornemos mais indivíduos do que somos. Como a história chega ao fim, vivamos felizes para todo o sempre. Pode-se imaginar se essa mudança de tom foi causada pela ascensão das "massas" até o plano da individualidade ou pelo fechar de olhos daqueles que registram esse progresso.

Permita-me, contudo, voltar à indagação que você me fez, em particular a meu breve ensaio sobre a liberdade. Ali eu me refiro (embora breve e superficialmente) à ambiguidade endêmica da atitude intelectual diante da perspectiva da individualidade universal. Mas o aspecto que você salientou, de a liberdade ser uma *relação social*, se liga apenas parcialmente (embora, concordo, não deixe de se ligar de todo) a esse problema.

O que afirmei no ensaio foi outra coisa, um aspecto bastante óbvio: já que a capacidade de fazer as coisas se tornarem aquilo que se deseja é a essência mais profunda da experiência da liberdade, e já que atingir esse efeito depende inevitavelmente de outras pessoas se sujeitarem a nossos desejos, ainda que estes se choquem com os delas, então a liberdade é, em potencial, um jogo de soma zero, um jogo em que o ganho de alguns significa a perda de outros. Nesse jogo, não pode haver vencedores sem vencidos. A liberdade de alguns provoca a falta de liberdade de outros.

Se assim é, a liberdade (quer dizer, a liberdade positiva, a capacidade de fazer coisas) tende a ser um privilégio, e não um bem universal, compartilhado. Repito: esse aspecto parece bastante óbvio, e no entanto costuma estar ausente nos debates sobre liberdade que tendem a girar em torno de um abstrato "indivíduo como tal". O reconhecimento dessa verdade é dificultado ainda mais pelo fato de que, como regra, os espécimes *haute couture* da liberdade, situados no topo do ranking, logo são seguidos por cópias produzidas em massa destinadas à "gente comum", cópias inferiores, fraudulentas. A liberdade parece ser um bem comum, tal como os refrigeradores, e, no entanto, com muita frequência os infelizes fregueses dos supermercados da liberdade, entulhados de cópias do original produzidas em massa, ficam imaginando a razão e o porquê de aqueles loucos lá de cima fazerem tanta confusão.

K.T.: Seu livro *Freedom* aborda a questão do consumismo e da sociedade de consumo. Ora, quando você discute a sociedade de consumo, seu tom sempre revela a presença de uma crítica profunda e comprometida. Você se recusa a aceitar o consumismo em seus próprios termos. Quais são as linhas básicas de sua crítica do consumismo?

Z.B.: Ficar sobrecarregado com a tarefa de encontrar soluções biográficas para contradições sistêmicas é uma condição não declarada para se estar dentro; e o desejo absolutamente natural e compartilhado de escapar dela é a principal matéria-prima de que são forjadas as iscas sedutoras do mercado; os mercados parecem seduzir seus potenciais fregueses a usarem sua liberdade de escolha a fim de obter curas patenteadas para os desagradáveis efeitos colaterais dessa liberdade.

Eu diria que o impacto mais pernicioso do mercado de consumo é a promessa de que a cura para todos os problemas de que você possa padecer está à espera em alguma loja e só poderá ser encontrada se você procurar de modo fervoroso. Os efeitos posteriores dessa promessa são três, todos eles mortais. Um deles é a "desqualificação social", o descaso com relação ao aprendizado das habilidades de discutir e negociar com outros as formas de escapar do problema; e a crença de que tais habilidades não são necessárias, uma vez que a solução pode ser obtida com menos esforço e preço menor durante a próxima escapadela para compras. Outro é a conclusão de que enfrentar os problemas da vida, tal como o consumo, é um assunto solitário, que não pode ganhar muito em efetividade se for conduzido em cooperação com outros. O terceiro efeito consiste, por assim dizer, em substituir a cura da moléstia pela luta contra os sintomas: não importa quão perspicaz e astuto você seja como comprador, não vai encontrar nas lojas um remédio para as causas sociais de seus problemas, apenas a receita de como modificar as dificuldades e tribulações causadas (ou simplesmente esquecer o problema enquanto busca as receitas e os dispositivos a elas associados).

A ascensão do consumidor é a queda do cidadão. Quanto mais habilidoso é o consumidor, mais inepto é o cidadão. Esta é, grosso modo, minha resposta ao que você me perguntou, "as linhas básicas de minha crítica do consumismo".

Cada encarnação social tem seus próprios padrões de dignidade. O mesmo ocorre com a reencarnação do cidadão (assim como do produtor, do "fazedor de coisas") em consumidor. Lembro-me do orgulho de minha mãe por suas habilidades de lavadeira ao apreciar a impecável brancura dos lençóis de linho que ela esfregava no tanque, enxaguava, estendia sobre a calandra e passava. A mãe (ou pai) de hoje teria orgulho em localizar a prateleira do supermercado com a melhor marca de detergente e em comprar uma máquina de lavar mais eficaz. Ambos afirmariam sua dignidade por fazerem coisas de que se orgulham. Você, em sã consciência, recusaria reconhecê-la a um deles?

A força do consumismo está no fato de ele vir acompanhado de seu próprio escoadouro para o "instinto de habilidade", seus próprios padrões de propriedade e dignidade. Esses padrões podem ser inteiramente diferentes do tipo que você desejaria que prevalecesse em seu lugar, mas não refreiam seu desgosto com os milhões que com alegria se desfazem de seus tanques quando a máquina de lavar está em oferta.

O consumismo é uma forma de vida. Existiram, existem e existirão outras formas, cada qual com seus atrativos e aspectos desagradáveis, diferentes em cada caso. Devemos nos concentrar nos deméritos da forma de vida consumista, em seus perigos e privações, e tentar, se pudermos, remediá-los ou atenuá-los. Devemos alertar a nós mesmos e aos outros sobre o que todos perdemos, conscientemente ou não, como os prazeres das economias sociais ou morais que a economia de mercado não quer ou não pode oferecer. Devemos insistir na verdade de que o consumismo não é uma situação do tipo "não há alternativa", mas uma escolha (embora uma escolha à revelia, e não por desígnio, e uma escolha feita coletivamente, ainda que por uma "coletividade" que só pode ser "imaginada"), e nos assegurar de que a escolha feita, seja ela qual for, será consciente e altamente ponderada. Mas também devemos aceitar que lutar para permanecer no jogo do consumo é, neste nosso mundo, uma forma de perseguir o eterno sonho humano da dignidade. Não se pode culpar alguém pelas condições. Se é possível culpar alguém, é por não inventariar as perdas que essas condições infligem quando suas bênçãos são computadas ou usufruídas de modo irrefletido.

K.T.: Nem todos podem usufruir a dignidade que a sociedade de consumo implica e promove. Afinal, para eu ser um consumidor capaz de fazer escolhas, preciso ter dinheiro e determinadas habilidades. Mas dinheiro e habilidades de consumo caminham de par – nem todo mundo tem dinheiro suficiente para garantir a dignidade de ser um consumidor competente, nem tampouco, portanto, os tipos de competência que a sociedade de consumo recompensa. Trata-se, como você já disse muitas vezes, dos "consumidores falhos". Mas se existe uma fronteira entre consumidores aptos e falhos, será que isso os faz viver em universos morais muito diferentes, com altos muros a separá-los?

Z.B.: Vivemos todos numa sociedade de consumidores, e não podemos – ao menos sozinhos ou individualmente – evitá-lo. Viver numa sociedade de consumidores significa ser mensurado, avaliado, louvado ou difamado pelos padrões apropriados à vida de consumo. Àqueles que, por alguma razão, não podem jogar adequadamente o jogo, seria (a seus olhos e aos olhos de outros) negada a dignidade, e assim, além de todos os sofrimentos físicos e espirituais que teriam de passar, seria imposta a eles a humilhação. A astúcia de alguém num mundo de consumo depende do volume de recursos que pode reunir e empregar. Os que só podem reunir e empregar poucos recursos são consumidores defeituosos, danificados ou falhos. Não passam no teste da dignidade.

Você pode perguntar: os pobres também não eram "falhos" na sociedade de produtores? Já que outras coisas eram então mais importantes para os homens, eles eram *produtores* falhos (não contribuíam muito para a riqueza da nação quando essa riqueza era medida pela quantidade de trabalho, e não pelo volume de consumo), mas, de qualquer forma, *falhos*. Sim, isso é verdade, mas serem falhos como produtores ou consumidores tem impacto diferente sobre a dignidade humana.

Lembro-me de Margaret Thatcher retrucando à sugestão de que o aumento do desemprego tinha algo a ver com o aumento da criminalidade: "Como você ousa insinuar uma coisa dessas? Nossos desempregados são pessoas agradáveis e gentis, não iriam roubar!" Quem – incluindo Margaret Thatcher – diria a mesma coisa sobre a "subclasse" da sociedade de consumo? A sociedade era acusada pela presença de "produtores falhos", e era a sociedade – "a força e a riqueza da nação" – que, ao que se temia, iria sofrer quando o número de "falhos" aumentasse. Investir nos desempregados para que estivessem preparados para o reemprego quando os bons tempos voltassem significava investir no bem-estar futuro de todos.

A ideia de Keynes de incrementar a demanda de consumo para estimular a produção pareceu convincente na sociedade de produtores, mas foi abandonada na entrada da sociedade de consumo. Investir nos pobres numa sociedade de consumidores pode ser uma ação *moralmente* correta, mas, claro, não tem sentido *econômico*. Também não proporcionará bem-estar a ninguém, já que deixaria "menos dinheiro no bolso do consumidor" e elevaria os preços de bens e serviços.

Quanto aos beneficiários da ajuda, todo auxílio oferecido seria visto como um ato de caridade – uma pluma no barrete do doador, mas apenas outro item na longa lista de indignidades dos beneficiários. Assim, em que espécie de méritos, presentes ou futuros, podem os "consumidores falhos" buscar a graça salvadora? Não parece haver uma base sobre a qual possam afirmar sua dignidade. E a dignidade tende a ser sumariamente recusada à "subclasse" em que eles agora se transformaram. Além disso, a condenação tende a ser aceita pelo condenado.

Em sua série de profundos estudos sobre o gueto e os habitantes das "ruas perigosas" ou "moradias precárias", Loïc Wacquant encontrou invariavelmente as mesmas histórias de autodesprezo e autoescárnio da parte de seus entrevistados.[1] As pessoas "lá embaixo" (ou seja, em sua base doméstica) não servem para nada, dizem eles. Os pobres de hoje não têm solidariedade com a sorte dos outros. Podem apreciar e procurar a companhia de alguns de seus colegas de destino, podem temê-los ou admirar suas proezas, mas dificilmente os respeitam. Seriam capazes de negar a dignidade deles com tanta avidez quanto a das pessoas que mantêm limpas as áreas "restritas".

Quanta diferença em relação às atitudes registradas nos distritos afligidos pelo desemprego em massa nos períodos de depressão econômica, entre os moradores que podiam afirmar com plena consciência que seu azar vinha da falta de empregos que lhes pudessem oferecer sua parcela de dignidade humana. Na Grande Depressão da década de 1930, pessoas que visitavam os bairros operários ficavam surpresas em encontrar desempregados trabalhando todos os dias, fazendo pequenas tarefas em volta da casa, consertando telhados e ajustando pernas de mesas, e as mulheres encerando assoalhos já brilhantes e lavando camisas já surradas de tanto serem lavadas. A vida de uma classe trabalhadora dignificada seguia normalmente, com ainda mais esforços e dedicação que o normal. As pessoas estavam preparadas para o desafio. O autorrespeito e o direito de ser respeitado se mantiveram vivos durante os tempos de provação.

Você sugere que o bem-sucedido e o derrotado, os heróis da sociedade de consumo e os humilhados por ela, "vivem em universos morais diferentes". Eu não aceitaria isso. Prefiro concordar com as advertências de Jeremy Seabrook, de que os pobres vivem num mundo dominado pelos padrões triunfantes dos ricos; e que essa circunstância, se produz alguma coisa, acrescenta à injúria o insulto (lembre-se também da exposição de Richard Sennett sobre as "injúrias ocultas de classe"), ao mesmo tempo que priva os pobres das poucas chances que poderiam ter de se livrar de ambos. Atomizados e briguentos, "consumidores falhos" que se desprezam mutuamente, com que poderiam sonhar? Em ficar ricos e obter a dignidade garantida apenas aos consumidores sem falhas. Os ricos não são inimigos, mas exemplos. Não figuras odiosas, mas ídolos.

A vida que os ídolos ensinam, o exemplo que eles estabelecem para ser seguido, para os excluídos da sociedade de consumo, podem ser tudo, menos edificantes. Não mais os contos morais de um garoto sapateiro que se transforma em milionário pelo trabalho árduo, a parcimônia e a renúncia. Em vez disso, um conto de fadas bem diferente: momentos de êxtase, gasto irresponsável e oscilação de um golpe de sorte para outro, a sorte e a desventura acidentais e inexplicáveis, apenas tenuamente relacionadas com o que o sortudo e o azarado fizeram, a busca da sorte, tal como se busca um bilhete de loteria vitorioso, a fim de procurar mais diversão, ter mais momentos de êxtase e gastar mais irresponsavelmente que antes.

Nenhum dos exemplos daqueles que tiveram de descer do topo pode mostrar aos que estão embaixo como enfrentar os desafios de sua condição, mas todos eles, em conjunto, se divertem pelo fato de não terem feito nada a respeito. Quando refletida no espelho distorcido da pobreza, a "dignidade dos ricos" aparece como a indignidade dos pobres. Então eu diria: é uma pena, e uma desgraça para a metade de baixo, que as duas partes de nossa sociedade crescentemente polarizada *não* vivam "em diferentes universos morais".

K.T.: Como é possível atingir um senso de solidez e autenticidade individuais na sociedade de consumo se tudo à nossa volta é transitório?

Z.B.: "Autenticidade" não é uma palavra vernácula. Porém, o mais importante, os conteúdos inscritos sob essa palavra nos debates eruditos não parecem ter sido extraídos de uma experiência compartilhada. A base da "autenticidade" é o discurso da (para usar o conceito de Luc Boltanski e Eva Chiapello) "crítica artística" que se volta contra as pressões homogeneizantes exercidas pela sociedade moderna e sua conformidade endêmica, o medo de "ficar de fora", assinalando a "cultura burguesa". Esse é um discurso limitado a um setor estrito das classes intelectualizadas, na maioria artistas e poetas, os pioneiros da individualidade, as primeiras pessoas a serem colocadas numa situação de autoconstituição obrigatória e encarregadas da tarefa de invocar sua própria singularidade.

A "crítica artística" nasceu, como assinalam Boltanski e Chiapello, da "tensão entre a mobilidade dos artistas e a fixidez obsessiva daqueles que prosperavam no mundo dos negócios". Lembre-se de que a época a que eles se referem era de "modernidade sólida", "capitalismo pesado", "grande é lindo" e "apego ao solo". Os magnatas do capitalismo pesado estavam de fato "fixados no solo", definido de maneira precisa por suas posses materiais e imóveis.

Nesse mundo em que "fixar-se no solo" (ou seja, na riqueza com base na terra) era sinal de distinção e preceito de uma vida de sucesso, os artistas foram dos primeiros a ter as âncoras cortadas e a flutuar; e os primeiros a tentar transformar esse destino em vocação, e de vocação em signo de superioridade e direito ao privilégio. A tarefa não era fácil, considerando-se que, pela opinião prevalecente no mundo da "modernidade sólida", a mobilidade como estilo de vida, a falta de endereço fixo e o consequente estado de ser "indefinido", como muitos artistas e poetas na maior parte do tempo, eram sintomas de irracionalismo, mutação, irresponsabilidade perigosa e frivolidade imperdoável, falta de confiança e depravação moral. A "autenticidade" nasceu como parte de uma reação do tipo "*black is beautiful*" – uma tentativa de transformar o estigma da vergonha em símbolo de honra.

A autenticidade surgiu como uma clarinada, um grito de guerra. Que agora seja a vez daqueles que usam com placidez as máscaras oficialmente registradas, ao mesmo tempo que têm o cuidado de jamais mostrar sequer uma parte de seu verdadeiro rosto (se ainda têm); dos que trocam a si mesmos (ou o que tenha sobrado de si) por um punhado de papéis também oficialmente atribuídos, ao mesmo tempo que têm o cuidado de não se desviar do roteiro e não tornar audíveis suas próprias vozes (se é que elas ainda persistem) para sentir vergonha de si mesmos e a necessidade de se desculpar, se não reformar suas maneiras. Quem usa máscaras e desempenha papéis vive na mentira. A verdade fica escondida lá dentro e luta para sair. Que cada indivíduo seja a parteira de seu self – *l'ipseité*, o self único, irreplicável, diferente de todos os outros, impossível de trocar por qualquer outro.

A "autenticidade" sempre foi uma palavra de uma linguagem agonística, servindo na luta por autoridade. Em que está a prerrogativa de decidir entre o certo e o errado? Nos padrões prevalecentes "lá fora", dos quais as cortes nomeadas são as guardiãs, ou "aqui", na terra impenetrável para intrusos e conhecida apenas por seu proprietário individual de direito, a única pessoa capaz de decidir e dar o veredicto sobre o cabimento da decisão? Não é de admirar que os críticos artísticos dos *bourgeois philistines* pegassem em armas para promover a segunda alternativa. Sua experiência de vida corroborava amplamente essa escolha.

Quando em perpétuo movimento, o self parece ser o único ponto constante e estável (numa esfera em rotação, só o eixo permanece imóvel); o resto do mundo é que se mostra instável, sempre em mudança, variável, teimosa e inescapavelmente em movimento. A verdade é que, ao reavaliar sua própria experiência, os críticos puderam antever as sensações que seus antagonistas, por algum tempo incapazes de compreender, que dirá de aprovar a história, ainda iriam provar, e em escala maciça. A ironia dessa verdade é que sua verificação acabou sendo alcançada não porque se afastasse a tampa que refreava a autenticidade reprimida do self, mas porque se soltou o fundo do contêiner da "verdade interior".

Suponho que agora a guerra da autenticidade tenha terminado. A guerra de palavras quase desapareceu: gerentes, artistas, funcionários de escritório e pop stars itinerantes compartilham a mesma experiência de um mundo em movimento; nenhum deles pode com sensatez procurar bases sólidas e continuidade em lugar algum, exceto em seu próprio corpo e, ao que se espera (embora com menos certeza), em seu próprio self (personalidade, identidade, caráter ou qualquer nome que se lhe atribua). Vendedores e corretores de valores flutuando no ciberespaço reúnem-se em seminários de fim de semana para conhecer especialistas em meditação, não em "gerenciamento científico", e para liberar suas forças interiores, não para aprender maneiras de domá-las ou esvaziá-las. Portanto, não há mais necessidade de brigar. Os velhos antagonistas se entendem perfeitamente. Além disso, como o buraco se abre nesse antes sólido contêiner que se esperava abrigar o self, ambos os lados dessa guerra fracassada têm outros problemas para consumir sua atenção.

Creio que não seja o desejo de ser "autêntico" que pese fortemente, mas o medo de ser "autêntico demais", muito autenticamente autêntico, de descobrir aquele rígido cerne interior que não se mexe nem se move, e que, portanto, estabelece um limite insuperável à flexibilidade do self. Tendo deixado de ser uma arma nas guerras de autoridade, o postulado da autenticidade perdeu muito da antiga atração, enquanto suas facetas antes não evidentes, mas menos impressionantes (e menos convenientes), estão vindo à tona. De ativo, a "autenticidade" se transforma em passivo.

Segue-se dessa definição que a autenticidade, tal como a verdade, só pode ser uma: você não pode ser "autêntico" todas as vezes que assume e abandona diferentes formas e cores, a menos que a *ausência* de autenticidade seja sua marca distintiva (distintiva mesmo?). Essa "autenticidade" – a falta de compromisso, em particular de um compromisso duradouro com qualquer forma específica, aberta ao (por surpreendente definição) futuro, a facilidade de mudar de "identidade" muitas vezes e sem demora, sempre que a oportunidade bata à porta – é considerada o ativo mais rendoso. Por esse motivo, tende a se tornar o valor mais cobiçado.

Ai daqueles que só podem ser "autênticos" de uma única e inegociável maneira. A vida boa (uma vida menos vulnerável) é uma vida de experimentação e novos começos. As pessoas que ingressam em nosso tipo de mundo são notórias por adiar ao máximo todas as formas de engajamento: com relação ao tipo de estudo que desejariam seguir (enquanto evitam os que levam a especialidades circunscritas); ao tipo de trabalho que gostariam de realizar; à companhia para a qual gostariam de trabalhar; ao parceiro no matrimônio, à família ainda a ser constituída – todos esses passos que eram vistos como necessários no caminho da autenticidade.

Descrevendo a história analítica da era que chamo de "modernidade sólida", Alain Peyrefitte chegou à conclusão de que seu dinamismo e o trabalho profundamente renovador e restaurador por ela realizado na sociedade que herdou seriam inconcebíveis sem três tipos de confiança de que a maioria dos atores dispunha: em si mesmos, nos outros e nas instituições sociais. O último talvez fosse o mais crucial: ela oferecia um arcabouço permanente em que se poderia inscrever a vida muito mais curta dos atores individuais e seus intercursos, ao qual se poderia referi-la e em relação ao qual seria possível avaliá-la.

Em todas as três variedades, a "confiança" podia basear-se na razoável expectativa de longevidade e na irrevogabilidade dos compromissos. O que Peyrefitte sugere é que não existe verdadeira confiança (ou, nesse sentido, autoconfiança) sem o "longo prazo" e suas encarnações institucionais. O caráter instável e "até segunda ordem" das instituições sociais desencadeia a implosão da confiança em todas as suas variedades. Quando essa perna treme, todo o tripé desmorona.

A propósito, talvez ninguém tenha explorado melhor o "núcleo duro" do self do que Henrik Ibsen nas aventuras de Peer Gynt. Seu herói descobriu – da pior maneira – que seu "self autêntico" não poderia ser inventado nem descoberto. O inventado parecia vivenciar a incompreensão e o ressentimento. O esforço de descoberta – desnudar um a um os papéis desempenhados em público – levou, tal como desnudar as sucessivas camadas de uma cebola, à nulidade naquele centro em que se esperava encontrar uma rocha sólida. No fim, Peer Gynt chegou a uma solução para seu dilema: o amor, que estava lá desde o início, esperando que ele voltasse daquelas expedições fadadas ao fracasso. Em sua união e compromisso mútuo, dois seres diferentes encontraram sua autenticidade. Essa parece ser a resposta, mas a pergunta à qual ela responde é cada vez mais frequentemente formulada.

K.T.: Ao que se presume, o que alguns analistas chamam de "relacionamento puro" seria identificado por você como parte do problema da individualização, e não como parte da resposta?

Z.B.: Um "relacionamento puro" (ou seja, em última instância, um relacionamento que, para cada um dos parceiros, deve durar tanto quanto a satisfação dele obtida, nem um minuto mais) derruba a única resposta à questão da autenticidade que Peer Gynt considerou efetiva. O relacionamento (de modo mais geral, o compromisso) oferece apoio às dificuldades e tribulações do indivíduo quando se entende que sua expectativa de vida vai além daquela dos guerreiros solitários e seus problemas, que ele sobreviverá a suas derrotas tanto quanto aos triunfos (na riqueza e na pobreza, na saúde e na doença, como diz a fórmula).

Relacionamentos frágeis e breves não preenchem os requisitos. Pelo contrário, tornam-se passivos que obstruem movimentos futuros. Mas os relacionamentos são frágeis e débeis por sua pureza. Em geral, e de modo sábio, atamos muitas vezes, e com diversos fios, uma parcela que não queremos que se desprenda. Deve haver mais laços, e de um tipo diferente, que a errática satisfação pelo fato de o relacionamento ser benéfico quando se enfrentam como indivíduo os duros testes da vida.

De forma irônica, quando os vínculos se enfraquecem e os relacionamentos se tornam tênues, a "conectividade" passa a ser uma qualidade muito valorizada e uma característica procurada com avidez pelos empregadores em seus potenciais empregados.

"Estar bem conectado, ter muitas conexões" revela-se a mais confiável garantia de mobilidade ascendente. Mas o que conta não é o poder, e sim o número de conexões, não a durabilidade, e sim a facilidade de acessá-las (e, por implicação, abandoná-las). Como em tantas outras áreas, a quantidade substitui a qualidade. Quando nenhum dos itens da coleção é de fato confiável, só se pode contar com seu excesso e o suprimento sempre crescente. Quanto mais ampla a rede, melhor. Não importa a curta duração da vida de cada cabo de conexão.

K.T.: Há alguns belos comentários em *Modernidade líquida*, nos quais você fala sobre o culto contemporâneo do confessionário público em certo gênero de programa televisivo. Estariam os indivíduos agora fadados a viver suas vidas sob as luzes fulgurantes da publicidade? A privacidade teria sido esmagada em nosso tipo de vida social?

Z.B.: Há muito tempo Richard Sennett cunhou a expressão "*Gemeinschaft* destrutivo" – uma comunidade sistematicamente destruída e que destrói de forma metódica seus membros pelo culto da sinceridade irrestrita, a renúncia à própria privacidade e o desrespeito à privacidade dos outros; a revelação de sentimentos que são e deveriam ser íntimos; e a exigência de que essa sinceridade seja retribuída (ato que só pode embaraçar os parceiros e colocá-los numa posição insuportavelmente incômoda).

Sennett debateu o nascimento do *Gemeinschaft* destrutivo no contexto da "falência do homem público", percebendo em sua aparição um dos maiores perigos enfrentados pela vida pública. A "vida pública" é um jogo com regras, e a mais importante delas é a observância de certa etiqueta que nos permite compartilhar o que pode e deve ser compartilhado, mantendo os sentimentos, os *Erlebnisse* que não podem ser compartidos, numa reserva privada. Quebrar essa regra estimularia os parceiros a se afastarem, preveniu Sennett. Isso iria aumentar a distância, em vez de ampliar a proximidade, e afinal tornaria impossível o convívio autêntico.

No quadro pintado por Sennett, uma pessoa do grupo se voluntariava para expor seus sentimentos, "abrir-se", retirar todos os freios da sinceridade e ir até o fim na confissão, forçando os outros, contra sua vontade, a ouvir e aprovar. A sombria premonição de Sennett foi registrada três décadas atrás. Pouco poderia saber esse autor sobre situações em que o *grupo* força seus membros a fazer confissões públicas, exigindo que compartilhem publicamente seus segredos e afirmando que fazer isso é direito do grupo.

Alain Ehrenberg situou o nascimento desse *Gemeinschaft* autodestrutivo na França, numa noite de outono de 1983, quando, sentada sob as luzes fulgurantes das câmeras de TV, certa Vivianne informou a milhões de telespectadores que seu marido, Michel, sofria de ejaculação precoce, e por isso ela não tinha experimentado o orgasmo no leito conjugal. Desde então as confissões públicas em inumeráveis *chat* shows se tornaram o alimento diário de almas famintas por companhia. Em flagrante contradição com o diagnóstico de Sennett, todo dia nos dizem, da forma mais autorizada possível na era da comunicação de massas, que podemos e devemos constituir uma comunidade em torno do confessionário, onde todos devemos nos confessar, ao mesmo tempo que desempenhamos o papel de confessores.

Não há lugar para a suspeita de que o respeito pelo outro possa exigir poupá-lo ou poupá-la do embaraço de testemunhar os segredos de outra pessoa, sujos ou não, indecentes ou não, porém quase sempre repugnantes e enervantes.

Um feito não desprezível alcançado pela sociedade confessional é realizar a destruição da autonomia individual sob o signo de sua autoafirmação. É isso que significa a identificação da comunidade com a transformação dessa exposição em espetáculo público. O efeito propagado e exaltado como um triunfo da individualidade significa, na prática, uma fuga às dores e aos tormentos, mas também aos desafios e às oportunidades, uma fuga da individualidade. A "individualidade" se resume em tratar *individualmente o que todos os outros* estão ocupados em tratar, e relatar a experiência com palavras facilmente compreensíveis, já que usadas por todos os demais. Em última instância, busca-se a "individualidade" pela ocultação da idiossincrasia cultivada em particular.

Ora ou outra, mas com bastante frequência, o laborioso processo de dissolução da individualidade no ritual público de exibição de fotocópias de emoções individuais aprovadas é abreviado nos divulgados festivais públicos de emoções individuais. A morte súbita de uma celebrada princesa; a comemoração bem-orquestrada da primeira exibição de um filme destinado a quebrar recordes de bilheteria; o evento à meia-noite, ansiosamente aguardado, em que outra versão de uma história cultuada será posta à venda – todos esses eventos e outros similares fornecem a ocasião para que alguém extravase suas "emoções profundas", ao mesmo tempo que lhe asseguram de que ele é de fato um indivíduo, já que todos os outros indivíduos registrados que se encontram ao alcance da visão também as exibem.

K.T.: Nessas circunstâncias, qual deve ser o foco da esperança individual? Presumivelmente, não podemos ter sequer a esperança de uma morte feliz. Afinal, quem ou o que vai fazer nossa morte inserir-se na memória, quem ou o que vai se preocupar com isso?

Z.B.: Sua pergunta poderia obrigar muita gente a fazer uma pausa e ficar preocupada, não fosse pelo fato de que a preocupação com a durabilidade de qualquer coisa, com exceção da vida corpórea, desaparece depressa, assim como a qualidade da "permanência" perde todo dia sua posição na bolsa de valores da felicidade humana. Por tudo que sei, a única mercadoria divulgada por sua indestrutibilidade nos últimos anos foi o videocassete – mas sua vida eterna era sedutora graças à promessa implícita de que o usuário poderia apagar o passado gravado e regravar a partir do zero.

Em nossa "cultura de cassino", como George Steiner admiravelmente denominou o estilo de vida cultivado pelo mercado de consumo, uma vida feliz é aquela percebida como a perpetuidade de novos começos. A imortalidade, como tudo o mais, pode ser amigável ao usuário e pré-cozida para consumo instantâneo. O que se ambiciona é a *experiência* da imortalidade, não a coisa em si, obscura, cheia de armadilhas e intensiva em mão de obra como ela é. O que ambicionamos e o que obtemos é o mundo como um parque temático da infinitude – infinitude do espaço, do tempo, mas acima de tudo das sensações ainda não experimentadas.

O que testemunhamos hoje é a imortalidade se tornar mortal. Mas a mortalidade deixa de preocupar quando vem acompanhada da promessa de ressurreição dos mortos. O horror da morte costumava ser suscitado pela percepção de que só se tem uma vida para viver, e que uma chance perdida não pode ser recuperada. Mas essa verdade agora é contraditada pela oferta de comprimir, no curso de uma existência, tantas vidas "novas e aperfeiçoadas" quantas se possam administrar e pela advertência de que, quanto mais depressa sejam removidas e substituídas as vidas sucessivas, maior número delas será acrescentado, de modo que o volume de "experiências imortais" vai inchar. Isto é, se você quiser, apenas outro exemplo da ampla regra que mencionamos brevemente acima: o excesso de ofertas compensa a baixa qualidade de todas elas, mas também a referência em relação à qual essa qualidade poderia ser avaliada, e que não está mais em oferta.

Tentar, tentar e tentar mais uma vez, talvez com sorte na próxima, mas ser capaz de prosseguir tentando, é a maior felicidade que pode acontecer. A expectativa de um dia vir a parar e ser sobrecarregado de uma vez por todas pelo que já está à sua volta é desconcertante, o mais odioso infortúnio que pode advir a uma pessoa. As coisas são obtidas para serem consumidas, não para serem mantidas. Não se espera nem se deseja que permaneçam, por medo de que ocupem o espaço em que outras coisas "novas e aperfeiçoadas" poderiam ser usufruídas. Como em Leônia, uma das *Cidades invisíveis* de Italo Calvino, a boa sorte e a felicidade podem ser mensuradas pela quantidade de lixo que você pode despejar sem remorso.

Para resumir uma longa história: a duração foi desvalorizada, enquanto o valor da transitoriedade sobe depressa. Ainda não estivemos nessa condição e mal começamos a perceber suas consequências – menos ainda as de *longo prazo*. A cultura humana sempre foi, em todas as suas formas, um engenhoso mecanismo destinado a erguer edifícios permanentes, usando materiais frágeis e de vida curta, ou para extrair os cristais sólidos da eternidade a partir do fluido dos momentos mortais. Essa era a tarefa eternamente inconclusa da cultura. Mas essa impossibilidade de conclusão tem sido seu poder, a principal fonte de sua inventividade e de sua energia inexaurível.

Agora, contudo, a própria tarefa parece ter sido eliminada da agenda. Agora é a vez de a vida corpórea, que todos sabem temporária, erguer-se com toda a grandeza de uma rocha eterna sobre os remoinhos de objetos do desejo, empregos, habilidades, parcerias, prazeres, estilos, propósitos e sonhos de vida, todos eles transitórios e destinados a perecer.

Repito: não estivemos aqui antes, então não sabemos o que esperar. A futurologia, um passatempo sempre suspeito, tornou-se mais arriscada que antes e ainda mais fraudulenta, caso seus praticantes o neguem. E repito o que você disse: "Quem ou o que vai realmente preocupar-se?" Eis a questão.

· Diálogo 5 ·

Política

KEITH TESTER: No segundo diálogo você disse que compreende a emergência de uma preocupação com a política em sua obra como uma "continuação da ética levinasiana". Você explicou que "o problema de estender os insights e impulsos morais à sociedade mais ampla é uma questão de política". Mas a mudança da ética para a política não é do tipo que a obra de Levinas necessariamente implica. Em vez disso, a ética de Levinas aponta na direção da teologia (um exemplo: é possível encontrar João Paulo II citando Levinas com aprovação).

Em Levinas, a face do outro é uma demanda ética porque pode expressar sofrimento e, o que é mais importante, porque é uma transcendência da totalidade. Levinas diz que a face do outro tem semelhanças com a face de Deus, embora não lhe seja idêntica. Dessa maneira, Levinas estabelece uma distinção entre a face particular e a infinitude de Deus. Esse é um tema dominante na ética de Levinas e constitui o significado da infinitude da demanda ética que ele focaliza. Nessa linha, Levinas provoca a questão da relação da ética com a teologia. Pode-se afirmar que ele rompe o tipo de pensamento secular que é representado e expresso pela sociologia.

Mas sua leitura de Levinas sempre foi inabalavelmente secular, o "bocado de Deus" está bastante ausente. Talvez se possa sugerir que só por causa de sua leitura profundamente secular (secularizada e secularizante) de Levinas é que a emergência do problema da política se tornou óbvia.

Sua leitura de Levinas se torna ainda mais interessante quando se presta atenção a seus próprios textos. Em primeiro lugar, há um ensaio sobre a religião em *O mal-estar da pós-modernidade* no qual você parece ver a religião como um remanescente da busca por segurança ontológica – um remanescente irrelevante hoje, ou que assume a forma doentia do "fundamentalismo". Em segundo lugar, há seu livro *Mortality, Immortality and Other Life Strategies*, em que você enfrenta questões que também foram encaradas, muito tempo atrás, pelas religiões do mundo ("Qual o significado da morte?", "Qual o significado do sofrimento?"). E então, em terceiro lugar, existe a tendência crescente em seus textos de empregar metáforas e imagens bíblicas. Bom exemplo dessa tendência é dado em seu artigo "What prospects of morality in times of uncertainty?".

Seria interessante saber por que motivo Levinas o conduziu na direção da política, e não na da teologia e, numa palavra, de Deus. Será que Levinas aponta para uma infinitude além da política, mas também da compreensão sociológica?

ZYGMUNT BAUMAN: Nosso impulso moral, se é que possuímos um, tem pés frágeis. Não é um bom viajante nem fica mais habilidoso e infatigável com a idade. Ele perde poder mais depressa do que se movimenta. Ao embarcar numa jornada, logo fica desconfiado e tem vontade de descansar, de tirar uma soneca tão logo atinge a cerca da fazenda. A pouca distância, seus olhos são penetrantes, mas, quando a distância aumenta, os contornos definidos se dissolvem na neblina. E sua audição é fraca, de modo que gritos de socorro vindos de muito longe quase nunca chegam a seus ouvidos. Ele passou sua mensagem, uma mensagem que dificilmente podemos esquecer, uma vez ouvida: as ações são boas ou más, e o que elas são depende dos benefícios ou prejuízos que causam a outras criaturas vivas. Mas, sendo deficiente como viajante, tendo pouca visão e audição fraca, ele se perde, apático e inepto, quando longe de casa. Talvez o que chamamos de "casa" seja aquele aconchegante pedacinho de terra dentro do qual nosso impulso moral, assim como os impulsos morais de todos os outros que se encontram lá dentro estão animados e alertas, ávidos por nos dizer onde está a linha entre o bem e o mal e por nos alertar para não a ultrapassar.

Você conhece a preocupação de Hank Jonas: armados das maravilhas tecnológicas, podemos agora levar as consequências de nossas ações muito além dos limites da propriedade da família, na verdade, a espantosas distâncias no tempo e no espaço, para terras que nunca visitaremos corporeamente. Quanto às consequências de nossas ações, os poderes dos olhos e ouvidos (ou, nesse sentido, dos músculos) não mais estabelecem um limite. Mas nossos impulsos morais não seguiram esse exemplo. Ainda precisam de olhos e ouvidos, e seus olhos e ouvidos não ficaram mais fortes (a moral, diz Jonas, ainda está no mesmo estado em que no tempo de Adão e Eva).

Compartilho a preocupação de Jonas, mas não sua ideia a respeito do que deve ser feito para restaurar o equilíbrio perdido. Jonas, como você sabe, passou essa responsabilidade aos filósofos: ponham suas cabeças para pensar juntas e imaginem regras para uma "ética de longa distância". Creio, porém, que isso é algo de que precisamos menos. Já sabemos muito bem o que fazer e do que desistir. Todos sabemos que guerra, fome, poluição e humilhação são produtos do mal. Mas de alguma forma, a despeito desse conhecimento, todos nós contribuímos para guerra, fome, poluição e humilhação.

A verdadeira questão é que, embora sabendo *o que* fazer (e o que evitar), carecemos das agências que poderiam conduzir os assuntos humanos da maneira como achamos que eles deveriam ser conduzidos. Não é o *conhecimento* do bem e do mal que nos falta – é a habilidade e o entusiasmo de *agir* com base nesse conhecimento que está ausente neste nosso mundo, em que dependências, responsabilidade política e valores culturais caminham separados e não mais se abraçam sem embaraço. Entre conhecimento e ação, entre a ação e suas consequências, brechas – assustadoras e em potencial apocalípticas – se abrem.

É nesse sentido que, em minha leitura, a decisão de Levinas de se concentrar na questão do bem e do mal na *condição* humana (e não nos *artifícios* humanos, como sugeriu Durkheim) leva à *política*. Como já mencionei em outra ocasião, a justiça operada politicamente é para a capacidade moral o que a tecnologia de transportes representa para a mobilidade a longa distância dos seres humanos cuja condição é serem eretos e bípedes, mas que são dotados pela natureza apenas de um par de pernas.

Não acho que minha leitura seja totalmente idiossincrásica. Quando você pega os breves textos escritos por Levinas, assim como as entrevistas que ele deu, não pode deixar de ficar chocado com sua obsessão pelo destino da moral, uma vez exposta aos ventos frios que sopram lá fora, longe do quente e acolhedor abrigo/incubadora do "partido moral de dois". Arne Johan Vetlesen, que realizou uma dessas últimas entrevistas, me disse que durante a conversa Levinas voltava obstinadamente a esse tema, qualquer que fosse a pergunta feita.

O que nos falta, em outras palavras, não é o sentimento nem o conhecimento, mas pontes amplas o bastante para levá-los de volta à condição humana. Os fossos que precisam ser transpostos por essas pontes se alargam a cada dia. Nunca se precisou tanto da política quanto agora, quando ela entrou em tempos difíceis e perdeu muito de sua capacidade de construir pontes.

"A ética de Levinas aponta na direção da teologia?" Eu concordaria com isso, desde que primeiro deixássemos claro sobre o que estamos falando. A propósito, João Paulo II citando Levinas significa um movimento da teologia em direção à ética tanto quanto a extensão da ética em direção a Deus. João Paulo II talvez tenha sido o maior, o mais seguro e sincero *filósofo ético* da história do papado. Todo o seu pontificado dedicou-se à tarefa de devolver à moral a soberania perdida sobre o ser humano no mundo. A mensagem que ele transmite de modo incansável, em cada homilia e com surpreendente coerência, é que não há desculpa para renunciar à responsabilidade moral do self ou simplesmente suspendê-la.

Desabilitar o self moral foi o maior pecado da variedade comunista de totalitarismo, mas a sugestão de que os dilemas morais podem ser resolvidos, ou que os deveres morais podem ser ignorados, graças a engenhocas fornecidas pelo mercado tornou-se o maior pecado do mundo que emergiu após a queda do comunismo. João Paulo II faz tudo isso com uma força intensa, mas o que tem feito é reviver a "inclinação ética" que foi a marca mais evidente da cristandade, o credo cujo ato de nascença foi a deificação do autossacrifício.

Em seu escrupuloso estudo da relação entre a ágape cristã e o Eros não denominacional, Anders Nygrem assinalou que essa "ágape pode ser comparada a uma corrente fluindo com imensa força num canal claramente definido", enquanto "Eros é um rio largo e raso com margens pantanosas". A cristandade tem sido a ousada tentativa de transformar Eros, aquela energia humana comum, mas aleatória e irregular, num afluente do rio poderoso que irriga a humanidade como um todo, em vez de nutrir apenas aqueles poucos que por acaso residem nas redondezas.

De volta à questão de saber do que estamos falando quando discutimos as direções a que conduz a ética de Levinas, permita-me começar com o Deus de Levinas e Sua infinitude. Existe em francês uma distinção semântica entre *l'autre* e *l'autrui* que nem sempre se traduz nos debates anglófonos inspirados em Levinas. Se essa distinção for respeitada, fará sentido afirmar que "o outro" significa a alteridade, e que essa alteridade constitui o derradeiro mistério que Levinas insiste em preservar (até em consagrar) em sua impenetrável e inalienável inescrutabilidade. Deus é essa alteridade absoluta (assim como o são, como afirma Levinas em outros contextos, o futuro ou a mulher). O caráter absoluto da alteridade é ao mesmo tempo uma advertência e um desafio. Só podemos nos estender em sua direção. Queremos enlaçá-lo em nosso abraço, mas, enquanto tentamos alcançá-lo, devemos permanecer alertas quanto à impossibilidade final de realização desse desejo.

Percebo na narrativa de Levinas que ele dá primazia ao sentido tátil. A carícia é a melhor metáfora para a ideia de Levinas de relacionamento moral, o amor afagando os contornos do corpo do outro ao mesmo tempo que se preocupa em não apertar com muita força, tornando o aperto estreito e desconfortável demais para o acariciado e ameaçando deformá-lo. O destino do self e da alteridade é se encontrarem mantendo-se em universos diferentes. Não são comensuráveis, tal como a infinitude não pode ser determinada, muito menos exaurida, por nada que seja tão finito como o self transitório e mortal. Não podemos realizar nosso desejo, mas também não conseguimos deixar de tentar.

Essa é a beleza estonteante e o penoso drama da condição do self moral. O outro, quando abordado como exemplar da alteridade, pertence à mesma família de Deus ou do futuro. Ele ou ela são incognoscíveis, mas, sendo humanos, não conseguimos deixar de querer saber. Em vez de dizer que o outro conduz Levinas (e, por meio dele, seus seguidores) a Deus, eu diria que o outro e Deus estavam juntos desde o início, e só por estarem juntos cada um deles "faz sentido".

Devo confessar-lhe que nunca me senti confortável em relação à suposta fronteira entre o "religioso" e o "secular", e certamente nunca acreditei na santidade dessa fronteira. Se você, tal como eu, aceita a definição de religião de Leszek Kolakowski, como a admissão da insuficiência humana, então ela é algo muito mais universal que qualquer igreja, evangelho ou liturgia em particular. De forma alternativa, pode-se dizer que essa definição explicita o *genus proximum* da religião, mas deixa de nomear sua *differentia specifica*.

Nós, seres humanos, somos criaturas imperfeitas, seres finitos pensando na infinitude, mortais tristemente tentados pela eternidade, incompletos sonhando com a completude, seres incertos famintos de certeza. Somos irremediavelmente insuficientes. Por isso, ou somos irrevogavelmente religiosos (se é que você chama qualquer tipo de insuficiência, independentemente da carapaça verbal em que esteja inserido, de "religioso"), ou estamos destinados de modo inapelável a buscar a saída dessa desesperança. E aí a religião é uma das alternativas possíveis (se você concordar comigo que o sentimento de insuficiência é o traço necessário mas não característico da religião). A fuga à insuficiência, uma compensação por ela, pode ser buscada e perseguida de outras maneiras que não procurar abrigo no abraço de Deus.

A chamada "secularização" da era moderna não foi muito mais que a designação de um vocabulário que pode ser usado para narrar a condição humana sem usar a palavra "Deus". A palavra podia estar esquecida, mas a narrativa, tal como antes, tem sido sempre sobre a insuficiência humana e a corajosa luta para enfrentar suas consequências em potencial devastadoras. Não faltaram substitutos para a palavra esquecida (cada qual sinalizando, se você quiser, outra reencarnação de Deus): natureza, leis da história, razão, progresso (produzido pelo homem, talvez, mas além da capacidade humana de impedi-lo).

Nietzsche sabiamente insinuou que Deus só morre de fato quando nasce o super-homem. Mas até agora, a despeito de toda a soberba da *techne* e toda a arrogância de seus diretores de relações públicas, o super-homem ainda não nasceu, embora a muitos de nós, na maior parte do tempo, se ofereçam tarefas que lhe foram feitas sob medida. O *Risikogesellschaft* de Ulrich Beck é a última versão da antiga história da insuficiência. Desta vez, porém, não se pode dizer que ela contenha uma promessa de redenção.

Sim, tenho recorrido, e cada vez mais, a metáforas bíblicas. A forma como a história da experiência humana, a condição humana de seres finitos atirados, sempre até segunda ordem, num espaço/tempo infinito, foi registrada na Bíblia ainda está por ser superada (ou seria então que, moldando nossa experiência no curso de milênios, ela tenha estabelecido a estrutura de todos os registros futuros?). Em comparação, todas as outras metáforas empalidecem.

Admito que, como uma história da passagem do nada ao ser, acho a narrativa do "big bang" muito mais pobre que a história do trabalho de Deus em seis dias. E menos esclarecedora. Não há nela um personagem para nos informar, após frações do primeiro segundo, se aquilo que emergiu do puro "nada" era bom ou mau. Ela pode exaltar a vaidade da razão humana e recarregar sua autoconfiança ocasionalmente enfraquecida (a tarefa de contar histórias pode nos ajudar a esquecer que o mistério narrado é, afinal, tão humilhantemente misterioso quanto no início), mas é difícil que pudesse auxiliar os portadores humanos da razão a viver com mais sabedoria.

Se a moralidade da condição humana é colocada no foco da investigação sociológica, as histórias bíblicas provaram sua força inalterável. A história das origens da moral foi contada duas vezes na Bíblia, de forma diferente em cada uma delas. E desde então toda filosofia ética tem sido uma regurgitação e uma reciclagem dessas duas histórias. Creio ser de valor inestimável desvelar a substância do dilema (a moral pela incerteza versus a moral pela obediência), que de outra maneira seria difícil de perceber por trás da grossa e espessa crosta de linguagem filosófica refinada, recordando os arquétipos registrados na Bíblia.

Suspeito que, não obstante toda a audácia da aventura moderna, o sentimento de insuficiência humana continua a se tornar, de qualquer maneira, mais profundo, e que o desafio existencial de preencher as brechas na capacidade humana de lidar com isso não está nem perto de ser vencido. As modernas esperanças/ambições/promessas de criar um território livre do mistério e da contingência para o *Lebenswelt* humano fracassaram, e os esforços para mantê-las vivas foram interrompidos.

Nos livros *Em busca da política* e *Modernidade líquida* tentei compreender por que motivo tudo isso aconteceu e imaginar se é possível pensar em formas de interromper o processo e aliviar suas consequências ou mitigar a dor por elas causada. Reviver a ágora, esse ato em essência político, parece-me o passo inicial de todas as formas possíveis de atingir esse fim.

Não tenho a esperança de que alguma das formas que podem ser escolhidas conseguirá dar cabo da insuficiência humana.

Parece que estamos enredados nela, na riqueza e na pobreza, para o bem ou para o mal, até que a morte nos separe. Mas entre o polo da autossuficiência humana e o do modo plâncton de existência flutuante se estende uma vasta área de escolha e ação humanas. E tanto a escolha quanto a ação só podem ser políticas.

E foi Levinas que me colocou na rota que leva a essa conclusão.

K.T.: Um conceito-chave no pensamento de Levinas é o de totalidade. Refere-se à busca de poder e controle, e à organização de sistemas. Esse significado de totalidade está de acordo com seu retrato e avaliação dos projetos de ordenamento da modernidade. Com o próprio Levinas, o conceito de totalidade leva a uma visão do Estado como instituição que tem a ver com a totalização, e portanto que reprime a infinitude da demanda ética. A totalidade se refere ao semelhante, a infinitude se refere ao outro. Entretanto, nestes nossos diálogos, você enfatizou que, nas condições da "modernidade líquida", o Estado é diferente daquele típico da "modernidade sólida". O Estado não está mais envolvido no negócio da totalização. Por conseguinte, sua avaliação sociológica da modernidade líquida exige um repensar da totalidade levinasiana? Em que medida você está tentando fornecer um relato sociológico da política pós-totalidade?

Z.B.: Até os mais sábios de nós dificilmente podem dar um passo além do mundo que nos constituiu ao mesmo tempo que era constituído por nossos pensamentos e ações. Gigantes como Platão ou Aristóteles não poderiam imaginar um mundo sem escravidão, enquanto Bossuet ficaria frustrado pelo relato de um mundo sem monarquia. Esse parece ser um pensamento secundário irritante. Todos nós podemos ler Platão e Aristóteles, e mesmo Bossuet, para aprender algo vital sobre nosso mundo, e não apenas para satisfazer nossa curiosidade sobre o passado longínquo. O que realmente preocupa é como não desprezar as mudanças no mundo que tiram a máscara da continuidade implícita na inércia de nossa memória. A memória, continuo a repetir, é uma faca de dois gumes, e com muita frequência brandimos essa faca na direção errada.

Desprezar *hoje* o perigo mais assustador na tendência *big brother*, pan-óptica ou totalitária endêmica ao Estado moderno equivale a empregar mal a faca da memória e causar ferimentos autoinfligidos, em vez de usá-la para abrir uma passagem pelo matagal de novas e ainda inexploradas realidades da vida. (Há uma expressão popular para esse foco de atenção equivocado: malhar em ferro frio.). Hoje o gesto de Pilatos de lavar as mãos, em vez de sujá-las em sucessivas tentativas de inserir alguma lógica na confusa condição humana, constitui a maior contribuição do Estado à miséria humana. Estado demais é uma catástrofe, mas Estado de menos também.

Mais uma vez invocando Beck: não há soluções biográficas para contradições sistêmicas, embora seja exatamente isso que o Estado, ao lavar as mãos de suas funções, gostaria que acreditássemos. Repito: lançado à ampla rede da sociedade, o desafio da moral se transforma numa questão de justiça, e lutar contra a injustiça só pode ser um tema coletivo, um problema para uma sociedade autônoma, ou seja, politicamente constituída. Mas, como argumenta John Gray (num ensaio escrito para um estudo abrangente intitulado *Social Inclusion*, organizado em 2000 por Peter Askonas e Angus Stewart), "a emergência de governos social-democratas por toda a Europa nada fez para refutar" a hipótese de que as "consequências divisivas das operações do capitalismo tardio num contexto de globalização" dificilmente serão revertidas. A julgar pelo seu desempenho até o momento, esses governos tendem a agir como "o veículo político para outra reforma do mercado nos moldes neoliberais"; resumindo, para prosseguir no recuo do Estado, a única "totalidade" democraticamente controlada que a modernidade inventou a partir de sua responsabilidade em promover a justiça social.

A "autoestrada da informática" de âmbito mundial tem sido saudada como o arauto de uma nova e "verdadeira" democracia de um tipo que o Estado, com seu controle facilmente atingido sobre o conhecimento, jamais teria alcançado ou desejado alcançar. (A difusão mundial da nova oportunidade de "participar" é mentira – 88% dos "internautas" vivem em países ricos que abrigam apenas 17% da população mundial; enquanto o acesso à internet entre as classes trabalhadoras desses países, para não mencionar a empobrecida "subclasse", é e tende a permanecer insignificante; o advento da informática aprofundou ainda mais o fosso entre países desenvolvidos e subdesenvolvidos, e entre os poderosos e os indolentes de cada sociedade.) Ela também foi saudada como a libertação final da "sociedade civil" da tutela opressiva exercida pelo Estado e sua burocracia.

Bem, Durkheim, como se sabe, sugeriu que emancipar o indivíduo da sociedade, longe de prenunciar a liberdade individual, conduziria à escravidão. Podemos dizer que a suposta libertação da "sociedade civil" em relação ao Estado também não serve à causa da liberdade. Como Armand Mattelart assinalou alguns anos atrás (em *Le monde de l'éducation* de abril de 1997), "a tecnoutopia" é uma arma ideológica no presente "tráfico de influência" sob a égide do "livre comércio". É parte e parcela do discurso em que o Estado é representado como o inimigo maligno da verdadeira liberdade de uma "sociedade civil" de indivíduos soberanos livre da política. Mas o desmantelamento das restrições e dos controles políticos (do Estado), longe de tornar a "sociedade civil" livre e realmente autônoma, deixa-a aberta ao domínio descarado das forças do mercado a que os membros dessa sociedade, agora largados à própria sorte, não têm meios nem poder para resistir.

Hoje, o principal obstáculo à justiça social não são as intenções ou tendências invasivas do Estado, mas sua crescente impotência, todo dia ajudada e encorajada pelo credo oficialmente adotado do "não existe alternativa". Suponho que o perigo que deveremos enfrentar no século XXI não será a coerção totalitária, a principal preocupação do século XX, mas o colapso das "totalidades" capazes de assegurar autonomia à sociedade humana.

A rede de dependências que determina a condição em que vivemos e estruturamos nossas escolhas tornou-se global, mas a globalização das dependências não foi seguida de uma globalização do controle democrático e de suas habilidades em controlar/orientar/corrigir. Assim como nossos impulsos morais se congelaram no plano que estava ao alcance de Adão e Eva em seu pequeno e confortável mundo – um nível insuficiente para fazer frente aos grandes temas da justiça social –, nossos instrumentos de promoção da justiça se congelaram no plano do Estado-nação. É uma instituição inadequada para lidar com uma produção de injustiça localizada muito além de seu alcance, no espaço global. Interesses e estratagemas nascidos dos temores de ontem e destinados a lutar contra os perigos de ontem são singularmente inadequados para resistir aos perigos de hoje e atenuar os temores atuais.

Com uma sabedoria retrospectiva, agora estamos dolorosamente conscientes dos perigos da "totalidade" ilimitada e possuída de uma fúria assassina. Da mesma forma deveríamos estar conscientes das ameaças que se ocultam no tipo de mundo em que as "totalidades" capazes de controlá-lo e contê-lo não mais são produzidas e muito menos mantidas em condições de funcionamento.

Portanto, sim, a "totalidade" levinasiana precisa ser repensada. Imagino que Levinas seria o primeiro a se engajar nesse repensar se estivesse aqui para observar o quanto os ambientes da cena política foram reformados e reembaralhados. Mas não é só o tipo levinasiano de "totalidade" que precisa ser repensado. A "teoria crítica" clássica operava dentro dos mesmos horizontes cognitivos de Levinas e também precisa ser repensada.

K.T.: Numa série de ensaios e livros, você tem escrito de maneira rascante sobre a política comunitarista, e isso coincide com o que vem a ser uma suspeita mais ampla em relação às comunidades contemporâneas que pode ser encontrada em sua obra (uma suspeita que é representada em seu livro *Comunidade*). Será que sua suspeita em relação à comunidade – e, por extensão, ao comunitarismo – é uma representação de sua crítica ética da totalidade?

Z.B.: Realmente tenho suspeitas do remédio disseminado pelos *comunitaristas*. Quanto à *comunidade*, a questão não é tão direta. Como tentei argumentar no livro que você mencionou, não se pode evitar a saudade da comunidade perdida, mas a comunidade de que sentimos saudade não pode deixar de ter sido perdida. Com toda a certeza, não pode ser delegada, "feita por encomenda" e "sob medida", e os esforços para negar e desafiar essa impossibilidade causam muita miséria humana. Há muitas ameaças de guerra no mundo em nome de potenciais comunidades e da lealdade a sua causa, e sorte têm as pessoas em cuja vizinhança o tumulto não passa de ameaça.

Comunidades que têm a esperança de uma vida longa (embora não necessariamente feliz) precisam de um batismo de fogo. A cumplicidade em relação ao "crime original" é a melhor garantia de uma expectativa de vida prolongada. A verdade assustadora é que – longe de ser um surto de paixões insuficientemente domadas ou socializadas de modo inadequado, que a razão moderna não teve tempo de exterminar – as origens explosivas das comunidades recém-projetadas são muitas vezes o resultado de uma racionalidade sóbria, muito de acordo com os preceitos impecavelmente modernos da "escolha racional". Desprezar essa conexão enquanto se tecem loas às belezas da vida comunitária e à glória que se seguirá à sua refundação significa, literalmente, brincar com fogo. Há razões para ter suspeitas sempre que se ouve dizer "vamos agora louvar a comunidade".

É por isso que tenho cautela em relação à cura comunitária para os problemas atuais, como teria cautela para não cair da frigideira no fogo. Além disso, mesmo deixando de lado os terríveis efeitos colaterais da fundação e beligerante defesa da comunidade, valeria a pena lembrar que o abraço da comunidade, em aparência caloroso e confortável, foi réu durante aquele período agora longínquo em que ele ainda era vivenciado cotidianamente.

É improvável que a vida comunal possa ser vivenciada como um êxtase absoluto. O direito de enfrentar as pressões adaptativas e escapar à tediosa e massacrante monotonia da mesmice tem sido uma realização difícil, a que poucos de nós ficaríamos felizes em renunciar. É verdade que os sonhos de comunidade são naturais e compreensíveis num povo que ensaia todo dia a desagradável solidão dos "indivíduos desencaixados". Mas isso não significa que eles achariam mais apetitosa a realização de seus sonhos. Esta só pode levar a horrores diferentes daqueles sofridos até agora.

O comunitarismo hoje renascido é uma reação compreensível à impotência cada vez mais óbvia do Estado, antes encarado com esperança ou temido por sua presumida onipotência. As promessas agora abandonadas pelo Estado jazem sobre o solo esperando para ser recolhidas por agentes considerados mais confiáveis por ainda não terem sido tentados nem caído em descrédito. Segurança, certeza, garantia coletiva contra infortúnios sofridos individualmente – tudo isso agora parece estar esperando para ser administrado à maneira do "faça você mesmo" para a "comunidade" de "pessoas como nós" e decididamente "diferentes deles", pronta a tomar a questão nas próprias mãos.

É essa visão de "pessoas como nós" e "diferentes deles" (com os consequentes ritos de purificação e intolerância à diferença), ubiquamente presente em qualquer sonho comunitarista e virtualmente impossível de separar sem que a coisa toda venha abaixo, que considero preocupante. A humanidade, como Jean-Pierre Marnierre afirmou com elegância, é "uma máquina de produzir diferença", e levou séculos para que essa verdade fosse reconhecida e aceita como ingrediente inalienável da condição humana. Seria triste se tivéssemos todos ao mesmo tempo de ser privados desse ganho difícil, ainda que precioso, esperando (de modo equivocado) que a dificuldade de ser humano vá passar. Nossa variedade e nossas diferenças nos tornam mais ricos em nossa humanidade, essa condição que jamais será fácil de suportar, mas que podemos tornar mais (ou menos!) fascinante, desafiadora, criativa e agradável.

A ideia de "direitos humanos" significa, acima de tudo, o direito de ser diferente e de ter essa diferença respeitada. A diferença é um aspecto da humanidade que não pode ser "nacionalizado", "comunalizado" e expropriado dos indivíduos humanos a que pertence sem se desferir um golpe mortal na própria ideia de direitos humanos, o direito à dignidade de ser humano. No entanto, enquanto as tentativas de nacionalizar a diferença esmorecem e perdem muito de sua força, a expropriação em si não se tem interrompido. A "comunalização" chegou para oferecer serviços que o Estado, como plenipotenciário da nação, abandonou ou perdeu o interesse em (e a necessidade de) realizar.

Concordo com outro Baumann (Gerd, com dois enes) quando ele ataca Charles Taylor, e por meio dele outros defensores do "multiculturalismo" hoje em voga (*The Multicultural Riddle*), por presumir de modo tácito uma natureza reificada da(s) cultura(s), por pensar as culturas como coisas interiormente completas e delineadas pelo lado de fora (pode-se dizer: um coco e um abacate enrolados num só), sobrepondo-as a "sociedades", compreendidas como populações localizadas em territórios. "Se o multiculturalismo é, como diz Taylor, uma 'política de reconhecimento', então, o que deve ser reconhecido?", pergunta Gerd Baumann, e eu com ele. Seria uma daquelas "culturas" reificadas, talvez a de uma maioria local cujos líderes são muito eficientes em essencializar suas normas para sobrevivência? Ou deveríamos reconhecer a diversidade cultural, ou seja, o compromisso dos cidadãos e moradores em reconhecer a natureza dialógica de todas as suas identidades? A cultura – e aqui me identifico uma vez mais com Gerd – "não é uma imposição de identidades fixas e reguladas, mas um processo dialógico de construção da inteligibilidade com os outros e por meio deles".

Falamos aqui do modelo republicano, o tipo de convívio baseado no compromisso com o diálogo contínuo, e que atribui a esse diálogo as prerrogativas de suprema corte em que os valores são examinados e avaliados, e em que se apresentam veredictos vinculantes e se acolhem apelações contra os veredictos. Só nesse ambiente republicano é possível formar as comunidades, aderir a elas e delas sair, como permitem e exigem os direitos humanos sustentados pela república.

K.T.: Em livros como *Postmodern Ethics* e *Vida em fragmentos*, você fala de uma "política de consequências distantes". Poderia delinear o que significa essa expressão e o que se presume que essa política envolva?

Z.B.: Já discutimos brevemente o assunto. Concordo que ele se resume ao desequilíbrio incipiente, porém cada vez maior, entre os meios que nós (como membros da humanidade) temos à disposição e empregamos de fato, de um lado, e os fins que nós mesmos (individual, separada e coletivamente, todos juntos) consideramos dignos de nossa atenção e de nossos esforços, de outro. Esse desequilíbrio é o oposto do que previu Max Weber ao esboçar o futuro do capitalismo moderno como o domínio da racionalidade *instrumental*: os fins estão dados, vamos procurar (ou inventar ou descobrir) os melhores meios. Este é, ao contrário, um tempo de respostas à procura de perguntas, de soluções à procura de problemas, de meios à procura de aplicações. Os objetivos da ação (sejam eles imaginados e deliberadamente escolhidos, sejam não imaginados e surgidos de surpresa) são as principais fontes de risco e incerteza.

Com muita frequência, aprendemos sobre sua natureza depois do fato acontecido, quando os chamamos de "consequências imprevistas". A essa altura é uma observação trivial dizer que a maior parte das ações tem consequências daninhas e desagradáveis ("efeitos colaterais", "danos colaterais" etc.), que tentaríamos evitar se delas tivéssemos conhecimento anterior. Mas, de alguma forma, esse conhecimento não impede que se deem passos arriscados ou que se realizem e se sustentem ações localizadas e de curto prazo. Parece-nos uma vergonha e um pecado, acima de tudo um desperdício imperdoável, não usar os meios já disponíveis. Só vamos nos preocupar com as consequências quando elas desabarem sobre nós, esperando que outras pessoas se preocupem com elas.

Mas, por favor, observe: muitas vezes a natureza "imprevista" de certas consequências desconcertantes não é uma questão de *conhecimento* insuficiente ou equivocado, mas de tomada de decisão política. A diferença entre "produto" e "dejeto", entre "efeito" e "efeito colateral", só é "objetiva" no sentido do poder superior daqueles que traçam as linhas em comparação com os que caem do lado receptor. As divisões são controversas e contestadas, e essa disputa é a substância da política.

Decidir o que é o quê, separar os fins "legítimos" da ação de seus efeitos colaterais, talvez desagradáveis, porém "secundários" e "inevitáveis" - estes são temas (interesses) das lutas de poder. A esperança de tornar evitável o "inevitável" ou de prever o "imprevisível" deveria ser investida no progresso da política, e não (sem dúvida não *apenas*) no progresso da ciência e da tecnologia.

Assim como os meios crescem irremediavelmente e a um ritmo acelerado, o mesmo ocorre com as consequências de sua aplicação. Mas os meios não *apenas* crescem - eles tendem a se polarizar. Sua distribuição para a humanidade é muito desigual, e os desequilíbrios na distribuição crescem, de forma comprovada, ainda mais depressa que seu volume total.

Com o crescimento dos meios e da desigualdade em sua alocação, o poder de separar o desejável (ou tolerável) do "imprevisto" (ou intolerável) também tende a se polarizar. Essa situação vai continuar enquanto certos efeitos da ação puderem, sem punição ou a um custo tolerável, ser deixados fora dos cálculos. E deixá-los fora dos cálculos, desprezá-los como "danos colaterais" ou efeitos colaterais e secundários, continuará sendo uma possibilidade, uma possibilidade tentadora e assumida com avidez, enquanto as reações das pessoas afetadas e que sofrem em função dos resultados possa ser desdenhada, impedida de ser vocalizada, silenciada ou, melhor ainda, tornada inaudível. Uma vez mais estamos no campo da política. A "moral a distância" só pode assumir uma forma política, e a política da justiça é um postulado moral – na verdade, uma resposta moral à aparição do terceiro, a viver em sociedade, a ser uma sociedade.

Para ser efetiva, essa política, tal como qualquer política efetiva, exige leis. Não vamos confundir, contudo, lei e totalitarismo. O oposto de totalitarismo não é ausência de leis (embora os ideólogos totalitários desejassem que acreditássemos nisso), mas um sistema jurídico que garanta os direitos humanos, algo como uma versão ampliada e generalizada do velho princípio de que "não pode haver taxação sem representação".

O outro problema que surge do alongamento da "cadeia causal", dos efeitos de longo alcance das ações, é, em termos morais (embora até aqui não em termos jurídicos ou políticos), a *globalização da responsabilidade*. Em nenhuma época esteve tão presente a máxima de John Donne ("Nenhum homem é uma ilha. ... Cada homem é parte do continente." "A morte de qualquer homem me diminui porque sou parte da humanidade. Por isso nunca procures saber por quem os sinos dobram, eles dobram por ti.") Não se trata mais da evocação puramente poética de uma compaixão nobre, porém idealista. É agora um relato factual de vínculos genuínos, tangíveis, que conectam a difícil condição de todos nós. Somos todos responsáveis por qualquer coisa que aconteça a qualquer um de nós, e o postulado de assumir responsabilidade por nossa responsabilidade envolve agora a necessidade de aliviar sofrimentos em qualquer canto do planeta em que eles possam ocorrer, incluindo os sofrimentos mais distantes.

Esse novo desafio amplia até o limite (ou talvez mesmo além dele) a durabilidade do "impulso moral", considerando-se que por muitos séculos esse impulso costumava operar (e assim aprendeu a se sentir realmente em casa) apenas na proximidade do outro. Agora ele precisa abarcar um outro distante, na verdade "abstrato", um "outro" que é improvável conhecer, e que dificilmente será algum dia confrontado cara a cara.

Intrépidas e infatigáveis equipes de TV trazem para os nossos lares, de tempos em tempos, as imagens dessa miséria distante. Isso tem um efeito instantâneo, como acontece com toda proximidade do sofrimento humano. Ajusta a enormidade das novas responsabilidades à capacidade de nossa sensibilidade moral. Seria isso, contudo, suficiente para avaliar a magnitude dos desafios? O resultado comum das campanhas promovidas pela mídia é, como você mesmo assinalou em seus estudos, uma sucessão de "farras piedosas" e períodos de "fadiga da caridade". De tempos em tempos ocorrem surtos de compaixão, mas é só isso, e não mais do que nossos sentimentos morais podem suportar por si mesmos. Logo aplacados, eles tiram uma soneca até o próximo "evento" em que serão uma vez mais brutalmente acordados para o fato de que nada pode ser alterado no que se refere ao volume e à profundidade da miséria humana, a despeito dessas breves explosões de piedade.

Por sua natureza, as "farras piedosas" conduzidas pela mídia são mal-equipadas para sedimentar um vínculo institucionalizado sólido, permanente e efetivo, para além dos surtos temporários de sentimentos do tipo "somos todos partes do mesmo continente". Comprovam a horrorosa semelhança do sofrimento humano, mas ficam muito longe de expor suas causas, como os meios de subsistência destruídos pelo livre comércio, os solos devastados pela monocultura imposta pelo mercado ou as inimizades tribais apoiadas e instigadas pela indústria e pelo tráfico de armamentos que enchem os cofres de nosso tesouro e aumentam o PIB doméstico.

Não admira que as raízes da miséria permaneçam intactas, independentemente do êxito que possam ter tido as sucessivas campanhas de "ajuda humanitária". Além disso, nossa própria responsabilidade direta ou indireta pela miséria que lamentamos com tanta sinceridade permanece encoberta. É como se não devêssemos coisa alguma a essas pessoas miseráveis. O que fazemos por elas não deveria ser visto como uma tentativa de quitar nossas dívidas e nos arrepender de nossos pecados, mas louvado como expressão de nossos nobres sentimentos, aumentando assim nossa glória moral.

As multifárias complexidades do "sofrimento a distância", assim como os desafios que elas nos colocam como seres éticos e políticos, foram exaustivamente indexadas e investigadas por Luc Boltanski em seu livro *La souffrance à distance*. Ele pôs sob microscópio os emergentes "movimentos humanitários" (com grande frequência, sucessões de campanhas intermitentes, e não movimentos). Tentou imaginar de que modo, se é que haveria algum, essas reações esparsas, aleatórias e breves à visão da miséria distante poderiam consolidar-se numa rede permanente de instituições, forte o bastante para contrabalançar e talvez deter o atual empobrecimento das vastas parcelas do globo que compartilhamos e de amplos grupos de nossos semelhantes. Essa consolidação de um movimento humanitário, sugere Boltanski, "depende, ao menos em parte, de sua capacidade de esclarecer e explicitar a conexão, muitas vezes percebida na prática por seus membros, entre as causas distantes e as tradições, sensibilidades e até interesses daqueles que organizam o apoio a essas causas".

Porém, mesmo quando (e se) tal conexão é revelada e comprovada, está longe de se seguir uma reação sistemática e regular (ao contrário de uma reação emocional e efêmera). Há uma série de razões para isso, entre as quais se destacam o generalizado "ceticismo em relação a qualquer forma de ação política voltada para um horizonte de ideais morais" e a "perda da confiança na efetividade do discurso comprometido". Mais uma vez o mesmo dilema: política na escala das dependências (globais) ampliadas, agência política equivalente à grandiosidade da tarefa.

Temos um longo caminho a percorrer para chegar lá, mas só podemos reduzir o passo por nossa própria conta e risco – conjunto e compartilhado.

K.T.: Temos girado em torno do problema da totalidade e da infinitude, da distância ética e da proximidade moral. Em sua obra – e também nestes diálogos –, o problema muitas vezes assume a forma de uma preocupação com a dominância do mercado que leva à fixação transitória a povos e lugares; com a preocupação com o self que produz relacionamentos fugazes com outras pessoas; e com a ascensão de uma generalizada privatização da individualidade e da vida cotidiana. Enquanto isso, a globalização continua a arruinar economias e ambientes locais, levando a um mundo que nenhum indivíduo pode controlar ou mesmo entender, exceto pelos riscos e ansiedades que ela promove. Os Estados nacionais não podem aliviar esses riscos e ansiedades porque, todos sabemos, graças à doutrina da chamada terceira via, este é um mundo em que a insegurança é inevitável e deve ser confrontada.

A discussão sobre o destino da ágora clássica que percorre seu livro *Em busca da política* pode ser vista nesse contexto. Você fala da ágora porque este é o espaço e o lugar clássico da política que parece estar sendo desafiado por todos os processos e relacionamentos da modernidade líquida. A ágora é um espaço e um lugar da política da proximidade, da companhia e do face a face, de tal forma que a faz conviver facilmente com uma ética inspirada em Levinas. Mas será que esses conceitos derivados da teoria política clássica e dos modelos de democracia consagrados pelo tempo têm alguma relevância na situação contemporânea, em que o face a face foi insensibilizado e transformado em via de mão única pela televisão? E em que os espaços públicos parecem favorecer sentimentos de medo e perigo, e não qualquer engajamento de união e companhia?

Z.B.: Nada a acrescentar, nada a extrair de sua descrição da fragmentação e do caráter episódico dos vínculos sociais e das conexões humanas.

Em certa ocasião, conheci um brilhante pesquisador (ainda jovem, mas nem tanto) que havia trabalhado para vários programas da BBC por cerca de quatorze anos. Ele era bom no que fazia, de modo que continuou sendo contratado com satisfação pelos produtores de sucessivos programas. Mas quando nos conhecemos ele ainda não tinha obtido nada parecido com um "cargo". Vivia de um projeto para outro, sem ter ideia de quais seriam suas chances quando o projeto do momento estivesse concluído. Ele não gostava muito disso, mas sua expectativa era de que essa "situação empregatícia" permanecesse. Suspeito de que na época em que nos conhecemos ele estivesse começando a considerá-la "normal".

Boltanski e Chiapello sugerem que a situação do pesquisador da BBC é um padrão para os tempos vindouros, para a maneira pela qual todos nós seremos "fixados" (muito frouxamente, ao que parece) à sociedade. Edifícios permanentes não podem ser erigidos sobre areia movediça, e seria tolo tentar fazer isso (bem como perigoso para os atrevidos que o fizessem).

Os empregadores relutam em se comprometer a longo prazo e deixaram de esperar compromissos a longo prazo de seus empregados. Querem deles uma dedicação total, 24 horas por dia, à tarefa atual, mas não uma "lealdade por toda a vida", a identificação com a companhia - que só restringiria sua própria liberdade de movimento e mudança. As tarefas a serem desempenhadas podem mudar amanhã, e ninguém é capaz de dizer a forma que irão assumir, que espécie de ação será exigida e que tipo de experiência e know-how vai se tornar redundante.

O que os empregadores valorizam nas pessoas que desejam contratar é versatilidade, flexibilidade e adaptabilidade, facilidade em aceitar mudanças de cenário e em sair sem resmungar quando não haja mais falas para o personagem cujo papel desempenhavam (a capacidade e a disposição de "terminar rápido e começar do começo", como disse Pascal).

Os "relacionamentos puros" de Giddens, depressa iniciados e dissolvidos sob encomenda, tendem a caracterizar essa luta por subsistência da mesma forma que caracterizam as parcerias íntimas que as pessoas constroem, assegurando que elas podem ser abandonadas uma vez que não produzam mais prazer. Em uns e em outros, a vida transcorre de um "projeto" para outro, cada qual "enquanto durar", nenhum deles imaginado para permanecer indefinidamente.

A principal característica que um empregado deve provar ao ser contratado para um projeto atual é sua empregabilidade em projetos futuros, também por prazo fixo. E isso pode ser feito não se mostrando como uma escolha "natural" para o trabalho que está sendo realizado agora, mas como alguém preparado para muitos trabalhos, tantos quantos possam aparecer e tão variados quantos sejam e possam ainda vir a ser.

E assim tendemos todos nós, não necessariamente por escolha, a "terminar depressa e recomeçar do princípio", vezes sem conta, e estaremos sob ameaça de muita frustração e desespero se esperarmos que as pessoas à nossa volta sigam o mesmo preceito. O "compromisso a longo prazo" está se tornando um passivo. Ao contrário, estar livre de compromissos é que se torna um ativo. A vida parece cada vez mais uma série de novos começos e se torna uma experimentação contínua com novas opções, estilos não testados e oportunidades inexploradas.

Os teóricos da "escolha racional" se apressam em assinalar que esse padrão também se estende ao comportamento político. Cada vez mais os eleitores se comportam como consumidores de oportunidades fugazes. A lealdade "para o bem ou para o mal, venha o que vier" não guia mais suas escolhas. Em política, assim como em todo o resto do "mundo vivido", os focos de atenção e os ídolos ou celebridades ascendem e desaparecem com grande e crescente velocidade. Essa circunstância só pode significar problemas para a ágora.

O sentimento de "nós nos encontraremos de novo"; a expectativa de que qualquer coisa feita terá consequências duradouras sofridas e testemunhadas por todos os responsáveis; a crença de que todos os lados são responsáveis por seus atos e estão por aqui por tempo suficiente para serem chamados a se explicar caso deixem de cumprir seus deveres (de fato, a confiança baseada na convicção de que, não importa quão tumultuado possa parecer o jogo político à superfície, ele *não* é uma série aleatória de "novos começos", sem vínculos com o passado nem influência sobre o futuro); é isso que torna proveitoso o tempo passado na ágora e faz dos debates nela travados um passatempo sensato.

Quando a credibilidade dessas crenças é minada e refutada pela experiência cotidiana, o "eleitor racional" deixa de se importar com o tema monótono, prosaico e tedioso da política. A ágora é remodelada e passa a ser empregada como um teatro onde novos espetáculos (happenings, melhor dizendo) são montados com poucos atores, porém com multidões de espectadores atraídos pela promessa de diversão, de quem nada se espera senão que ganhem seu quinhão de entusiasmo, aplauso ou assovios.

A tarefa de juntar proximidade e distância e mantê-las num contínuo diálogo – trabalho em que se esperava que a ágora fosse eficiente – é cada vez mais difícil, talvez impossível, de se realizar.

K.T.: Quem são, na modernidade líquida, os agentes da política?

Z.B.: A crise da agência é o ponto central do problema que a política democrática agora atravessa. A série de "cartas do cidadão" de John Major apreendeu muito bem essa tendência, embora mais por inércia do que de forma deliberada. Com surpreendente coerência, ela privou o "cidadão" de todos os seus direitos, exceto o de clamar por melhores serviços. Ela redefiniu o cidadão como consumidor de bens fornecidos pelas empresas governamentais. Não encontrou qualquer outro papel para ele. Em particular, nada tinha a dizer sobre a contribuição do cidadão às leis do país, sobre o que ele poderia dizer em sua formação – muito menos sobre seu direito de estar presente e de ser ouvido quando a agenda legislativa for avaliada.

Seria inútil – além de injusto – culpar apenas os políticos por essa contínua expropriação do cidadão. Eles podem ser acusados de não dizer a verdade, toda a verdade e nada mais que a verdade sobre as trocas de poder que acontecem no mundo que habitamos em conjunto, e de tornar uma resistência sensata a essas trocas ainda mais difícil do que já é. Podem ser acusados, acima de tudo, da desculpa do tipo "não há alternativa" (uma desculpa fraudulenta, com toda a certeza) a que recorrem com tamanha avidez sempre que outra capitulação – e, assim, outro passo no sentido da desqualificação do cidadão – aparece no programa. Mas dificilmente suas mentiras e meias verdades encobrem o feitio do mundo.

Quanto a esse feitio, dois processos paralelos e intimamente relacionados fazem dele o que é. O primeiro é a globalização em aparência incontrolável que tira poder dos políticos, e a economia (a reprodução dos meios de subsistência) do controle político. O segundo é um processo complexo canhestramente chamado "individualização", que consiste em tornar "defasadas", uma a uma, todas as redes de segurança socialmente construídas e atendidas numa época em que os indivíduos são chamados a se mover, cada qual por si mesmo, e a serem corajosos e audaciosos ao fazê-lo. O primeiro processo priva o interesse e o envolvimento na política de muito de seu sentido prático, e, portanto, de sua atração. O segundo torna improvável que o interesse na política se expresse de alguma forma relevante.

Desimpedido, o poder flui para longe da política. Como Rorty afirma com exatidão:

> A globalização está produzindo uma economia mundial na qual a tentativa de um país de evitar o empobrecimento de seus trabalhadores pode resultar apenas em privá-los do emprego. Essa economia mundial logo será de propriedade de uma classe superior cosmopolita, cujo senso de comunidade com qualquer trabalhador de qualquer lugar não é maior que daquele que tinham os grandes capitalistas americanos do ano de 1900 em relação aos imigrantes que tocavam suas empresas.

Corajosas como possam se mostrar as faces dos políticos, e suculentas como possam parecer as maravilhas que eles prometem a seus eleitores em troca de sua lealdade uma vez a cada cinco anos, essa é a triste verdade da política contemporânea. Os governos pouco podem fazer para mitigar a dor persistente da incerteza – para cortar suas raízes, nada podem fazer. Eles são, afinal, lamentavelmente locais, enquanto o poder hoje é extraterritorial e não poderia se preocupar (nem precisa) com vozes belicosas ou gestos audaciosos produzidos em qualquer localidade. Se vozes e gestos se produzem de fato, sua punição é rápida e conclusiva. Mas a própria ameaça de punição se mostraria, na maioria dos casos (a maior parte dos políticos é constituída de seres racionalmente pensantes), suficiente como método de dissuasão.

Quanto ao segundo processo, que leva o nome atraente, porém enganoso, de "individualização", ele foi exposto aos golpes aleatórios da sorte, um de cada vez, recolhendo suas vítimas segundo padrões misteriosos e insondáveis, apenas frouxamente, se é que tanto, relacionados ao que as potenciais vítimas ou os (temporariamente) não atingidos podem ter feito. Não admira que os indivíduos por decreto do destino deixem de perceber como poderiam misturar seus problemas individualmente sofridos e reapresentá-los como causa comum. Menor ainda é a capacidade de perceber como as chances de sobrevivência, para não falar nas possibilidades de atingir o ápice das coisas, poderiam ganhar com a junção de forças e justificar o sacrifício que uma causa declarada comum exigiria.

Cada um desses dois processos aumenta a força do outro e fornece argumentos plausíveis em favor de sua inevitabilidade. Em conjunto, eles depositam e fertilizam as sementes da crença na "falta de alternativas".

A questão hoje não é saber quem são os agentes da política, mas quem são aqueles capazes de reunir poder e política, agora divorciados, e restaurar a política como matéria conjunta "do conselho e do povo", a única forma pela qual ela pode fornecer o elo de mão dupla entre a sociedade autônoma e seus cidadãos autônomos. Mas tanto o "conselho" quanto o "povo" ainda têm de ser criados. Não temos um conselho e, para tanto, precisamos elevar-nos ao status de "povo global".

K.T.: Frequentemente se diz que, na situação política contemporânea, devemos aprender a viver e pensar entre as antigas polaridades de direita e esquerda, abraçar algum caminho do meio. Você aceitaria que as divisões supostamente antigas entre direita e esquerda não mais se aplicam? Fica bem claro que em seu coração você continua um socialista. No entanto, a acreditarmos no que nos dizem para acreditar, o socialismo é vestígio de uma época que passou.

Z.B.: Fico contente por você me considerar socialista. Sou mesmo (ou pelo menos é o que espero). Suponho que este nosso mundo, mais que qualquer outra época, precisa de socialistas, e que essa necessidade se tornou muito mais aguda e urgente após a queda do Muro de Berlim. Foi uma sorte perversa do capitalismo que o comunismo, sobretudo em sua qualidade de espectro e aparição, promessa e tentação, tivesse fungado em seu pescoço durante a maior parte de sua história. Foi esse espectro que forneceu o mecanismo de "pesos e contrapesos" de que o capitalismo necessitava tanto quanto dele se ressentia. Nenhum mecanismo alternativo de "pesos e contrapesos" está em operação agora, nem há algum à vista. Em sua ausência, o capitalismo marcha alegre e triunfalmente para o abismo (Schumpeter profetizou que ele chegará lá graças a seu sucesso), convidando-nos, tal como o capitão Ahab a seus colegas marinheiros ao arpoar o dorso de Moby Dick, a seguir com ele.

Nossos diálogos avaliaram a indignidade e a humilhação. Nada é mais humilhante que a pobreza, e nenhuma pobreza humilha mais que aquela sofrida em meio a pessoas em situação de enriquecimento rápido e acelerado. Imaginar que outras formas de humilhação (e delas não há carência) possam igualar os sofrimentos endêmicos à vida sem perspectivas em meio a uma orgia de oportunidades cada vez mais sedutoras; a vida de andrajos mesquinhos em meio à celebração de fortunas fabulosas construídas da noite para o dia e de proveitosos acordos de aposentadoria voluntária; a visão de crianças acordando com fome em meio à opulência que se esparrama de cada vitrine; isso significa agarrar-se à chance de um alívio temporário da consciência culpada à custa de uma mentira. E é uma ilusão de que só os bem de vida podem desfrutar enquanto o suprimento de bebida alcoólica não se esgotar nem chegar a hora de curar a ressaca.

A pobreza não é uma humilhação entre muitas humilhações socialmente provocadas – e não apenas por ser a mais dolorosa e causar mais sofrimento a suas vítimas do que as vítimas de outros tipos de humilhação podem ter de suportar. Ela é uma espécie de "meta-humilhação", um solo em que viceja todo tipo de indignidade, o trampolim de que é lançada a "humilhação múltipla".

As forças irrestritas do mercado, precisamente por serem irrestritas, só podem produzir um monte de pobreza e um número sempre crescente de empobrecidos. Uma vez livres de impedimentos, elas também empurram os empobrecidos cada vez mais fundo no precipício da indignidade, enquanto os demais, a quem se poupou a sorte dos pobres, atingem sempre novos e elevados níveis de abundância.

O socialismo, ao menos para mim, não é um modelo alternativo de sociedade destinado a substituir o sistema em operação hoje. O socialismo é uma faca afiada pressionada contra as injustiças gritantes da sociedade tal como ela é, uma voz da consciência determinada a arruinar o autoconceito e a autoadoração daquilo que John Kenneth Galbraith denominava a "maioria satisfeita". Por conseguinte, ele é um desafio para a sociedade, pois nunca deixa de questionar sua sabedoria, de pensar novamente nas alternativas a seu atual estado (apenas um dos muitos estados possíveis) e nas formas de autocorreção.

O socialismo, ao menos para mim, não se dirige contra qualquer tipo de sociedade, desde que essa sociedade ponha à prova sua capacidade de corrigir as injustiças e redimir os sofrimentos que ela própria provocou. Em vez disso, ele se volta contra os Pangloss deste mundo; tanto nas versões condensadas e radicalizadas de um Fukuyama – que, tendo anunciado o fim das chances históricas, proclama que o resultado da última escolha é o melhor dos mundos que a humanidade pôde conceber – quanto na forma diluída (porém não menos venenosa) dos advogados do credo do "para o bem ou para o mal, não há alternativa". Negar ao socialismo essa vantagem significa jogar sal sobre as feridas abertas e supuradas da pobreza, essa "mãe de todas as humilhações".

Se o socialismo é um "vestígio de uma época que passou"? Se fosse o caso, deveríamos ser gratos a essa "época passada" por nos deixar tal vestígio, não menos do que lhe somos gratos por nossa herança civilizada. Mas não é o caso. Tal como a fênix, o socialismo renasce de cada monte de cinzas deixado cotidianamente por sonhos humanos queimados e por esperanças carbonizadas. Continuará a ressurgir enquanto os sonhos forem queimados e as esperanças carbonizadas, enquanto a vida humana continuar carecendo da dignidade que merece e da nobreza que, se lhe dessem uma chance, seria capaz de ostentar. Sendo esse o caso, espero que eu morra socialista.

Bem, eu lhe devo outra confissão. Em termos de divisões políticas/ideológicas presumidas, acontece que sou liberal, além de ser socialista. Ser ambas as coisas e não desejar renunciar a nenhuma das duas é a receita para uma vida cheia de dúvidas e escolhas difíceis, jamais definitivamente boas.

Creio que os projetos socialista e liberal, a menos que ossificados em dogmas e transformados em fortalezas indevassáveis durante anos de guerra de trincheiras, são complementares, não antagônicos. A garantia dos meios de subsistência, essa condição sine qua non do direito humano de ousar realizar o potencial de cada pessoa, e a liberdade, essa capacidade de agir segundo esse direito, são dois valores que não podem ser alternados sem comprometer a dignidade humana. (Embora se alternem, tornando assim a dignidade humana um ideal, e não uma realidade alcançada, um objetivo sempre a ser atingido; a dignidade humana tende a permanecer eternamente *in statu nascendi*.)

Não pode ser um caso de aberração, lógica equivocada ou incoerência pessoal o fato de os maiores liberais terem em geral chegado a ideias socialistas enquanto seguiam incansavelmente a lógica interna da liberdade como valor supremo da vida humana. Foi assim com John Stuart Mill, e parece ser com o mais coerente dos liberais vivos, Richard Rorty, quando, em *Achieving Our Country*, ele toma os salários decrescentes e o desempoderamento galopante dos desprovidos, excluídos e oprimidos como os principais obstáculos à liberdade; quando exorta a esquerda americana a "falar mais sobre dinheiro", castiga-a pelo "recuo em seu ativismo" e seu "desengajamento da prática"; e observa de modo cáustico que, para muitos esquerdistas contemporâneos, as "histórias sobre hegemonia e poder" significam o mesmo que as "histórias sobre demônios de olhos azuis ... para os muçulmanos negros".

Rorty chega a exigir, seguindo os passos de Whitman ou Dewey, a substituição "da liberdade individual pela justiça social como principal objetivo de nosso país". Isso significa ir um ou dois centímetros além da linha que eu mesmo estaria preparado para cruzar. Tenho dolorosa consciência de que interferir no equilíbrio impecável, "perfeito", entre justiça e liberdade é como enquadrar o círculo. Mas creio também que a única chance da justiça e da liberdade está em nosso esforço interminável de equilibrá-las, evitando ao mesmo tempo todos os "substitutos" e reduzindo ao mínimo as dores que qualquer alternância obrigatoriamente provoca.

Não há soluções simples para a questão da dignidade humana. Mas a ameaça mais assustadora à dignidade humana é presumir que as soluções sejam simples.

K.T.: No primeiro diálogo, você disse que nunca perdeu inteiramente a fé na afirmação de que a sociologia pode transformar o mundo, embora, como disse, "eu tenha mudado radicalmente minha visão da maneira como a tarefa de transformação poderia e deveria ser realizada". Que visão você mudou e para qual? Algumas pessoas poderiam objetar que hoje a sociologia nada pode mudar, exceto a autocompreensão de homens e mulheres, enquanto permite que os processos da globalização façam com que os mundos da economia e da guerra se separem cada vez mais daquilo em relação a que homens e mulheres podem realmente fazer alguma coisa.

Z.B.: "A sociologia nada pode mudar, exceto a autocompreensão?!" Que significa este "exceto"? "Mudar a autocompreensão" já não é uma tarefa titânica? Se ao menos pudéssemos ter certeza de estarmos à altura dela... Somos, afinal, apenas uma das muitas vozes que tentam atrair a atenção humana, uma voz não particularmente forte, pelo menos não o suficiente para ser audível em meio à cacofonia de sons; e, de modo mais evidente, não forte o bastante para refrear as pressões silenciosas da azáfama cotidiana que com muita frequência fazem mensagens opostas parecer verossímeis.

Sim, na porta pela qual um dia acreditei que a reflexão social seria capaz e estaria destinada a entrar na realidade social eu hoje afixaria o cartaz de "proibida a entrada", lamentando que isso não tenha sido feito antes. Essa era a porta da legislação, em que as escolhas certas teriam de ser determinadas pelos ambientes projetados com cuidado em que elas são feitas, e os erros endêmicos à livre escolha e à livre experimentação excluídos de antemão. Não creio que as pessoas possam ser forçadas à liberdade (no começo do século XX, essa crença foi um erro de avaliação; no começo do século XXI, ela é um crime).

Sabe-se que as prisões jamais ensinaram a arte da vida livre. Não acredito mais (como, para minha vergonha, já acreditei) que "os fins justificam os meios", e não acredito pela simples razão de que os fins não podem ser humanos se exigem meios inumanos para serem promovidos. Assim, o diálogo com a experiência de homens e mulheres livres é a única porta que pode ser usada. Isso em si não significa que *será* usada – é preciso muito esforço para abri-la e mantê-la aberta.

O diálogo interpretativo é uma tarefa sem fim e sempre uma luta árdua. Ele não é uma *alternativa* ou um substituto à concentração na tarefa de interromper as forças cegas (da globalização, da polarização social, da exclusão, do tribalismo etc.) ainda em seu rastro e evitar seus impactos mórbidos sobre a condição humana. Longe de se opor a essa tarefa, a renegociação dialógica da experiência humana é condição sine qua non de qualquer chance de sua realização. Uma tarefa exige a outra. Sem o esforço de realizá-la, ela permanece ineficaz.

Na formulação de Luc Boltanski, a maneira de acabar com o sofrimento humano, ou pelo menos de aliviá-lo, leva a um "reunir", a "uma descrição da pessoa que sofre e do interesse de alguém informado sobre esse sofrimento". É isso que significa a "mudança de compreensão"! Boltanski também aponta que "a pessoa pode comprometer-se pelo discurso" (e, permita-me acrescentar, uma pessoa estimula a outra a se comprometer pelo diálogo), e, corretamente, que uma das causas da dificuldade em superar a atual crise de compreensão é a "perda da confiança na efetividade do discurso comprometido". É dificílimo despertar confiança em nossos parceiros no diálogo se não nos ocuparmos de forma séria em provar que essa confiança não é infundada.

K.T.: E então, Weber estava certo? Política e ciência deveriam ser vocações?

Z.B.: A questão não é se *deveriam* ser, mas *como fazer com que sejam*. E não é provável que este seja um feito único. As vocações, ao contrário de outros passatempos, tendem a ter vida longa.

· Notas ·

Introdução *(p.9-23)*

1. Dennis Smith, *Zygmunt Bauman*, p.3.
2. Ver, por exemplo, *Freedom*.
3. *Modernity and Holocaust*.
4. *Modernity and Ambivalence*; *Intimations of Postmodernity*; *Postmodern Ethics*; *Life in Fragments*; *Postmodernity and Its Discontents*.
5. *Globalization: The Human Consequences*; *Liquid Modernity*.
6. Peter Beilharz, *Zygmunt Bauman: Dialetics of Modernity*, p.3.
7. Richard Sennett, *The Fall of Public Man*, p.8.
8. Janina Bauman, *Winter in the Morning: A Young Girl in the Warsaw Ghetto and Beyond*, p.vii; as últimas palavras da citação estão entre aspas porque se referem à página de agradecimentos do livro.
9. *The Individualized Society*.
10. "Modern times, modern marxism", p.1.
11. Peter Beilharz, *The Bauman Reader*, p.334-4.
12. *Culture as Praxis*.
13. Para se ter uma ideia desse ramo do marxismo, e para interessantes paralelos com aspectos do pensamento de Bauman, ver Leszek Kolakowski, *Marxism and Beyond* e *Main Currents of Marxism*.
14. Bauman in Beilharz, *Dialetics of Modernity*, p.334.
15. Ibid., p.335.
16. *Globalization*; *Consumerism and the New Poor*.
17. Janina Bauman, op.cit., p.x.
18. Bauman in Beilharz, *Dialetics of Modernity*, p.335.
19. Ver, por exemplo, *Legislators and Interpreters: On Modernity, Post-modernity and Intellectuals*.
20. "Culture, values and science of society", p.185-203.

1. Contexto e horizontes sociológicos *(p.25-52)*

1. "Outubro Polonês" é o nome dado aos eventos que irromperam na Polônia em 1956, após a denúncia do stalinismo, por Khrushchev, no XX Congresso do Partido Comunista da União Soviética. Na Polônia, o Partido Comunista usou o momento para tentar fragilizar o poder dos militares, e em junho de 1956 o sangue jorrou durante os conflitos de Poznan. Gomulka foi nomeado para a presidência do Partido Comunista Polonês e resistiu às pressões para que fizesse as coisas retrocederem ao tipo de controle desejado por Moscou. O desafio de Gomulka à União Soviética chegou ao auge em outubro de 1956, quando ele se posicionou firmemente contra a ameaça de intervenção militar soviética. Gomulka colocou a Polônia em sua própria trilha de socialismo, mas, depois de outubro, deixou claro que estabelecia um evidente limite a qualquer crítica vinda da União Soviética. Segundo o historiador Norman Davies, "chegou-se a um acordo – um tipo nacional, autônomo, de comunismo, em troca da manutenção da subserviência à URSS. A República Popular da Polônia deixou de ser um Estado títere para se tornar um Estado cliente" (*Heart of Europe: A Short Story of Poland*, Oxford University Press, 1986, p.10-1). Como tal, o "Outubro Polonês" é visto como um signo de esperanças frustradas e liberdade abortada para a Polônia. Leszek Kolakowski o situa desta maneira: "O 'Outubro Polonês', como foi chamado, longe de prenunciar um período de renovação ou 'liberalização' social e cultural, representou a extinção gradual de tais tentativas" (*Main Currents of Marxism*, p.454).

2. *The Editor* é uma revista de notícias condensadas que sai às sextas-feiras com o jornal *Guardian*. A cada semana há um tópico intitulado "The digest read" (Leitura condensada), em que um novo livro que esteja nas manchetes é submetido a uma breve resenha de algumas centenas de palavras sob o título: "Muito ocupado para ler os livros de sucesso? Deixe que nós fazemos a leitura para você." O livro também é resenhado em cerca de vinte palavras sob o título: "E se você está realmente sob pressão: a leitura condensada resumida."

2. Ética e valores humanos *(p.53-81)*

1. "The world inhospitable to Levinas."

3. A ambivalência da modernidade *(p.82-112)*

1. A referência aos "distúrbios anti-imigrantes ao estilo Dover" é uma alusão aos conflitos que ocorreram no porto de Dover durante a primavera de 2000, motivados por um "pânico moral" a respeito de um suposto fluxo de "refugiados econômicos" ciganos e do Leste Europeu para a Inglaterra.

4. Individualização e sociedade de consumo *(p.113-144)*

1. Pierre Bourdieu et al. *The Weight of the World.*

· Referências bibliográficas ·

Obras de Zygmunt Bauman

"Modern times, modern marxism", in Peter L. Berger (org.). *Marxism and Sociology: Views from Eastern Europe*. Nova York, Appleton Century Crofts, 1969.

"Culture, values and science of society". *University of Leeds Review*, v.15, 1972, p.185-203.

Culture as Praxis. Londres, Routledge and Kegan Paul, 1973.

Socialism: The Active Utopia. Londres, George Allen and Unwin, 1976.

Hermeneutics and Social Science: Approaches to Understanding. Londres, Hutchinson, 1978.

Legislators and Interpreters: On Modernity, Post-modernity and Intellectuals. Cambridge, Polity, 1987 (ed. bras., *Legisladores e intérpretes*, Rio de Janeiro, Zahar, 2010).

Freedom. Filadélfia, Milton Keynes/Open University Press, 1988.

Modernity and Holocaust. Cambridge, Polity, 1989 (ed. bras., *Modernidade e Holocausto*, Rio de Janeiro, Zahar, 1998).

Modernity and Ambivalence. Cambridge, Polity, 1991 (ed. bras., *Modernidade e ambivalência*, Rio de Janeiro, Zahar, 1999).

Intimations of Postmodernity. Londres, Routledge, 1992.

Mortality, Immortality and Other Life Strategies. Cambridge, Polity, 1992.

Postmodern Ethics. Cambridge, Polity, 1993.

Life in Fragments: Essays in Postmodern Morality. Cambridge, Polity, 1995.

Postmodernity and Its Discontents. Cambridge, Polity, 1997 (ed. bras., *O mal-estar da pós-modernidade*, Rio de Janeiro, Zahar, 1998).

Globalization: The Human Consequences. Cambridge, Polity, 1998 (ed. bras., *Globalização: as consequências humanas*, Rio de Janeiro, Zahar, 1999).

Work, Consumerism and the New Poor. Buckingham, Open University Press, 1998.

"What prospects of morality in times of uncertainty?". *Theory, Culture and Society*, v.15, n.1, p.11-22, 1998.

Culture as Praxis, 2ª ed. Londres, Sage, 1999.

In Search of Politics. Cambridge, Polity, 1999 (ed. bras., *Em busca da política*, Rio de Janeiro, Zahar, 2001).

"The world inhospitable to Levinas". *Philosophy Today*, v.43, n.2 (versão ampliada) in *The Individualized Society*, "Private morality, immoral world", p.175-200, 1999.

Liquid Modernity. Cambridge, Polity, 2000 (ed. bras., *Modernidade líquida*, Rio de Janeiro, Zahar, 2000).

The Individualized Society. Cambridge, Polity, 2000 (ed. bras., *A sociedade individualizada*, Rio de Janeiro, Zahar, 2008).

Community. Cambridge, Polity, 2001 (ed. bras., *Comunidade*, Rio de Janeiro, Zahar, 2001).

Obras de outros autores

Anderson, Benedict. *Imagined Communities: Reflections on the Origin and Spread of Nationalism*. Londres, Verso, 1983 (ed. bras., *Comunidades imaginadas: reflexões sobre a origem e a difusão do nacionalismo*, São Paulo, Companhia das Letras, 2008).

Arendt, Hanna. *The Origins of Totalitarianism*. Londres, George Allen and Unwin, 1962 (ed. bras., *Origens do totalitarismo: antissemitismo, imperialismo, totalitarismo*, São Paulo, Companhia das Letras, 1989).

Arendt, Hanna. *Eichmann in Jerusalem; A Report on the Banality of Evil*. Hardmondsworth, Penguin, 1977 (ed. bras., *Eichmann em Jerusalém: um relato sobre a banalidade do mal*, São Paulo, Companhia das Letras, 1999).

Askonas, Peter e Angus Stewart (orgs.). *Social Inclusion: Possibilities and Tensions*. Londres, Macmillan, 2000.

Bauman, Janina. *Winter in the Morning: A Young Girl in the Warsaw Ghetto and Beyond*. Londres, Virgo, 1986 (ed. bras., *Inverno na manhã*, Rio de Janeiro, Zahar, 2005).

Baumann, Gerd. *The Multicultural Riddle: Rethinking National, Ethnic and Religious Identities*. Londres, Routledge, 1999.

Beck, Ulrich. *Risk Society: Towards a New Modernity*. Londres, Sage, 1992.

Beilharz, Peter. *Zygmunt Bauman: Dialetics of Modernity*. Londres, Sage, 2000.

Beilharz, Peter (org.). *The Bauman Reader*. Oxford, Blackwell, 2001.

Bloch, Ernst. *The Principle of Hope*, 3 vols. Oxford, Blackwell, 1986.

Boltanski, Luc. (1999) *Distant Suffering: Morality, Media and Politics*. Cambridge, Cambridge University Press, 1999 [*La souffrance à distance*, 1993].

Borges, Jorge Luis. *Labyrinths: Selected Stories and Other Writings*. Penguin, 1970.

Bourdieu, Pierre et al. *The Weight of the World: Social Suffering in Contemporary Society*. Cambridge, Polity, 1999.

Canetti, Elias. *Crowds and Power*. Hardmondsworth, Penguin, 1973 (ed. bras., *Massa e poder*, São Paulo, Companhia das Letras, 2005).

Castoriadis, Cornelius. *The Imaginary Institution of Society*. Cambridge, Polity, 1987 (ed. bras., A instituição imaginária da sociedade, São Paulo, Paz e Terra, 2005).

Cohn, Norman. *Warrant for Genocide*. Londres, Eyre and Spottiswoode, 1967.
Crozier, Michel. *The Bureaucratic Phenomenon*. Chicago, University of Chicago Press, 1964.
Douglas, Mary. *Purity and Danger: An Analysis of the Concepts of Pollution and Taboo*. Londres, Routledge and Kegan Paul, 1966.
Drucker, Peter. *The New Realities*. Londres, Heinemann, 1989.
Ehrenberg, Alain. "L'Age de l'heroïsme: sport, entreprise et sprit de conquête dans la France contemporaine". *Cahiers Internationaux de Sociologie*, v.35, p.197-224, 1998.
Elias, Norbert, in Michael Schroter (org.). *The Society of Individuals*. Oxford, Blackwell, 1987 (ed. bras., *A sociedade dos indivíduos*, Rio de Janeiro, Zahar, 1994).
Fromm, Erich. *The Art of Loving*. Londres, Unwin Books, 1975 (ed. bras., *A arte de amar*, Belo Horizonte, Itatiaia, 1995).
Fukuyama, Francis. *The End of History, and The Last Man*. Harmondsworth, Penguin, 1992 (ed. bras., *O fim da história e o último homem*, Rio de Janeiro, Rocco, 1992).
Giddens, Anthony. *Modernity and Self-Identity: Self and Society in the Late Modern Age*. Cambridge, Polity, 1991 (ed. bras., *Modernidade e identidade*, Rio de Janeiro, Zahar, 2002).
___. *The Transformation of Intimacy: Sexuality, Love and Eroticism in Modern Societies*. Cambridge, Polity, 1992 (ed. bras., *A transformação da intimidade: sexualidade, amor e erotismo nas sociedades modernas*, São Paulo, Unesp, 2002).
Gillespie, Michael Allen. *Nihilism before Nietzsche*. Chicago, University of Chicago Press, 1995.
Gramsci, Antonio, in Quintin Hoare e Geoffrey Nowell Smith (orgs.). *Selections from the Prison Notebooks*. Londres, Lawrence and Wishart, 1971.
Jonas, Hans. *The Imperative of Responsibility: In Search of an Ethics for the Technological Age*. Chicago, University of Chicago Press, 1984.
Kolakowski, Leszek. *Marxism and Beyond. On Historical Understanding and Individual Responsibility*. Londres, Pall Mall Press, 1969.
___. *Main Currents of Marxism*, v.3, *The Breakdown*. Oxford, Claredon Press, 1978.
Kuhn, Thomas. *The Structure of Scientific Revolution*, 2ª ed. Chicago, University of Chicago Press, 1970.
Levinas, Emmanuel. *Totality and Infinity: An Essay in Exteriority*. Pittsburgh, Duquesne University Press, 1969.
___. *Otherwise than Being, or Beyond Essence*. Haia, Martinus Nijhoff, 1991.
Marcuse, Herbert. *One Dimensional Man: The Ideology of Industrial Society*. Londres, Routledge and Kegan Paul, 1964.
Mills, C. Wright. *The Sociological Imagination*. Nova York, Oxford University Press, 1959.
Moore, Barrington. *Injustice: The Social Basis of Obedience and Revolt*. Londres, Macmillan, 1978.
Peyrefitte, Alain. *Du "miracle" en économie. Leçons au Collège de France*. Paris, Odile Jacob, 1998.
Riesman, David (com Nathan Glazer e Reuel Denny). *The Lonely Crowd: A Study of the Canging American Character*. New Haven, Yale University Press, 1961.

Rorty, Richard. *Objectivity, Relativism and Truth*. Cambridge, Cambridge University Press, 1991.

Schütz, Alfred. *Studies in Social Theory*, 2 vols. Haia, Martinus Nijhoff, 1967.

Seabrook, Jeremy. *The Race for Riches: The Human Costs of Wealth*. Basingstoke, Marshall Pickering, 1988.

Sennett, Richard. *The Fall of Public Man*. Londres, Faber, 1986 (ed. bras., *O declínio do homem público*, São Paulo, Companhia das Letras, 1988).

Sennett, Richard e Jonathan Cobb. *The Hidden Injuries of Class*. Nova York, Knopf, 1972.

Smith, Dennis. *Zygmunt Bauman: Prophet of Postmodernity*. Cambridge, Polity, 1999.

Steiner, George. *In Bluebeard's Castle: Some Notes towards the Redefinition of Culture*. Londres, Faber, 1971.

Steiner, George. *Extra-Territorial: Papers on Literature and the Language Revolution*. Londres, Faber, 1972.

Tec, Nechama. *When Light Pierced the Darkness*. Oxford, Oxford University Press, 1986.